湖南省教育厅资助科研项目2011A1○○

湖南省综合绿色GDP核算体系
构建研究

HUNAN SHENG ZONGHE LUSE GDP HESUAN TIXI
GOUJIAN YANJIU

姚利辉 / 著

湖南师范大学出版社

图书在版编目（CIP）数据

湖南省综合绿色 GDP 核算体系构建研究／姚利辉著. —长沙：湖南师范大学出版社，2017.5

ISBN 978 - 7 - 5648 - 2864 - 6

Ⅰ. ①湖…　Ⅱ. ①姚…　Ⅲ. ①国民经济计算体系—研究—湖南　Ⅳ. ①F222. 33

中国版本图书馆 CIP 数据核字（2017）第 104742 号

湖南省综合绿色 GDP 核算体系构建研究

姚利辉　著

◇责任编辑：宋　瑛
◇责任校对：蒋旭东
◇出版发行：湖南师范大学出版社
　　　　　　地址／长沙市岳麓山　邮编／410081
　　　　　　电话／0731 - 88873070　88873071　传真／0731 - 88872636
　　　　　　网址／http：//press. hunnu. edu. cn
◇经销：湖南省新华书店
◇印刷：长沙宇航印刷有限公司
◇开本：710mm×1000mm　1/16
◇印张：12. 75
◇字数：220 千字
◇版次：2017 年 5 月第 1 版　2017 年 5 月第 1 次印刷
◇书号：ISBN 978 - 7 - 5648 - 2864 - 6
◇定价：35. 00 元

如有印装质量问题，请与承印厂调换。

前　言

　　资源环境是人类生存发展的物质基础，然而长期以来国民经济核算体系一直忽视资源环境的基础作用，没有将其纳入核算体系当中（以国内生产总值为核心的核算体系，不能反映自然资源对经济发展的贡献，不能反映经济活动对生态环境造成的破坏状况），从而使环境污染和生态破坏日趋严重。这不仅削弱了国家发展经济的自然物质基础，而且制约了经济的发展。

　　2004 年我国国家统计局和国家环保总局开始联合进行绿色 GDP（国内生产总值）核算体系研究，并连续 7 年进行了中国绿色 GDP 核算。绿色 GDP 核算把经济活动和与之相关的环境活动有机联系起来，解决了社会经济发展过程中的资源消耗过大、环境损害严重等问题。但是，随着人类对生存的环境和社会拥有的财富的认识进一步深入，人们发现绿色 GDP 核算体系仍存在一些不足。绿色 GDP 核算侧重于对经济发展过程中环境资源损失的核算，考虑了经济发展对环境损害和资源消耗的价值量，但没有考虑支撑着人类生存的自然生态系统服务价值。绿色 GDP 还只能作为可持续发展的指标之一，并不能完全反映经济、环境、社会可持续发展的全貌。因此，建立和优化国民经济核算体系，进行综合绿色 GDP 核算尤为重要。

　　本书在 SEEA－2012 体系的基础上，借鉴了国内外环境资源经济核算体系的经验，构建了综合绿色 GDP 核算体系，并核算了湖南省 2004—2013 年的综合绿色 GDP，也以能值分析法进行了绿色 GDP 核算的专题讨论。

　　本书内容由八部分组成，主要围绕综合绿色 GDP 核算体系的构建与应用这一主题展开。其中包括：第一部分为绪论，主要介绍本著作的研究背景、研究目的、研究意义、文献综述和研究技术路线。第二部分是综合绿色 GDP 体系构建，主要提出了构建综合绿色 GDP 核算体系原则；分析了支撑综合绿色 GDP 核算的理论基础，建立了综合绿色 GDP 核算体系的技术基础；提出了绿色 GDP 核算体系的主要内容，最后建立了综合绿色 GDP 核算体系框架。第三部分建立了综合绿色 GDP 核算账户，介绍了综合绿色 GDP 核算账户包含的账户和表格类型，阐明了经济单位的定义、存量和流量的核算以及记账和估价的原则；提出了环境资源核算调整为综合绿色 GDP 的转换与连接方法。第四部分提出了环境资源价值核算方法，主要提出了环境资源价值核算的基本原则，对各种自然资源的估价、环境价值（环境退化成本和环境损害成本）、自然生态系统服务价值的具体评估方法进行了评述。第五部分构建了湖南省资源资产价值量核算账户、湖南省环境损失核算账户、湖南省自然生态系统生态服务效益核算账户，进行与湖南省 2004—2013 年的与经济生产有关，但没有纳入现行的国民经济核算体系中自然资源量及其货币价值，环境损失价值，自然生态系统（森林、湿地和草地）生态服务效益的核算。第六部分将湖南省资源资产价值量核算账户、湖南省环境损失核算账户、湖南省自然生态系统生态服务效益核算账户进行调整，调整为绿色 GDP 和综合绿色 GDP 核算体系；核算了湖南省 2004—2013 年的绿色 GDP 和综合绿色 GDP；分析了 GDP、绿色 GDP 和综合绿色 GDP 之间的关系及各自的年变化规律，以及产生年变化规律的原因，并提出了相应的对策。第七部分是基于能值分析分法核算绿色 GDP 的专题研究。第八部分为研究的结论和创新点，并就今后进行与此有关的研究提出一些建设性的建议和研究展望。

综合绿色 GDP 是在 SEEA – 2012 体系基础上提出来的一个全新的概念，其核算体系尚需进一步补充和完善。综合绿色 GDP 是各级政府进行科学决策的重要依据之一，而且综合绿色 GDP 核算涉及面广，因此，综合绿色 GDP 核算体系的构建，应当在国家的决策下进行，多个部门合作，并且必须有权威统计部门参与，以保证核算结果的客观性、真实性和科学性。

目　录

第1章　绪论 ……………………………………………………………（1）

　　第一节　研究背景 …………………………………………………（1）

　　第二节　研究目的 …………………………………………………（3）

　　第三节　研究意义 …………………………………………………（3）

　　第四节　文献综述与研究现状 ……………………………………（5）

　　第五节　解决的关键科学问题、技术路线和研究的主要内容 …（31）

第2章　综合绿色GDP体系的构建 ……………………………………（35）

　　第一节　综合绿色GDP概念与内涵 ……………………………（35）

　　第二节　综合绿色GDP核算体系构建原则 ……………………（36）

　　第三节　综合绿色GDP核算的理论基础 ………………………（37）

　　第四节　综合绿色GDP核算体系建立的技术基础 ……………（48）

　　第五节　综合绿色GDP核算体系构建意义 ……………………（51）

　　第六节　综合绿色GDP核算体系框架 …………………………（53）

第3章　综合绿色GDP核算账户 ………………………………………（56）

　　第一节　经济环境间实物型流量账户的建立 ……………………（56）

　　第二节　环境价值量核算账户的建立 ……………………………（61）

　　第三节　环境资源核算和综合绿色GDP的转换与连接 ………（66）

第4章　环境资源价值核算方法 ………………………………………（71）

　　第一节　环境资源价值核算的基本原则 …………………………（71）

　　第二节　自然资源的估价方法 ……………………………………（72）

　　第三节　环境价值核算方法 ………………………………………（79）

第5章　湖南省经济生产资源资产价值核算账户 ……………………（92）

　　第一节　湖南省资源资产实物量核算 ……………………………（92）

　　第二节　湖南省资源资产价值量核算 ……………………………（95）

第 6 章 湖南省经济生产的环境损失核算账户 ················· （101）

　　第一节　湖南省环境受损或污染物实物量统计 ············ （101）

　　第二节　湖南省环境损失价值流量核算 ················ （105）

第 7 章 湖南省自然生态系统生态服务效益核算账户 ········· （114）

　　第一节　湖南省森林生态系统生态服务效益核算 ········ （114）

　　第二节　湖南省湿地生态系统生态服务效益核算 ········ （127）

　　第三节　湖南省草地生态系统生态服务价值核算 ········ （138）

第 8 章 湖南省的绿色 GDP 核算和综合绿色 GDP 核算 ······· （141）

　　第一节　湖南省绿色 GDP 核算 ················ （141）

　　第二节　湖南省综合绿色 GDP 核算 ··············· （144）

　　第三节　建议与对策 ······················ （146）

第 9 章 能值分析法在绿色 GDP 核算中的应用与实践 ········· （150）

　　第一节　能值理论在绿色 GDP 中的应用 ············ （151）

　　第二节　怀化市绿色 GDP 核算实证分析 ············ （156）

　　第三节　湖南省农业生态系统绿色 GDP 实证分析 ·········· （164）

第 10 章 研究结论、创新点及研究展望 ·············· （170）

　　第一节　结论 ·························· （170）

　　第二节　创新点 ························· （172）

　　第三节　本研究的不足 ····················· （173）

　　第四节　研究展望 ······················· （174）

参考文献 ···························· （176）

后记 ····························· （198）

第 1 章　绪论

第一节　研究背景

国民经济核算诸如国民总收入（GNI）、国内生产总值（GDP）、国民收入（NI）和社会总产出等国民经济核算体系（SNA），三百多年来经过许多经济学家、统计学家共同努力不断完善，几乎囊括了人类历史上在这一领域最新知识的杰出研究成果，是 20 世纪西方经济学"20 世纪最伟大的发明之一"[1-2]。现行的国民经济核算体系（SNA）为衡量经济状况提供了统计的国际标准，已经成为各国国民经济核算所遵循的方法制度。因此，国内生产总值（GDP）常用来进行国家（地区）间的经济状况横向比较，或一个国家（地区）不同时期的经济状况纵向比较[3]。

国内生产总值（GDP）作为国民经济核算体系（SNA）中最重要的总量指标，将一个国家在一定时期内其所有单位生产的最终产品与服务的总额价值，以市场交易为基础，以交易的货币价值来核算。GDP 反映了经济增长和社会进步的成果，反映了一个国家的整体经济、规模、经济总量和生产总能力和一个国家当年新增财富的总量。因此，GDP 是用来衡量一个国家或地区经济发展和进步程度最重要的标志，是政府宏观经济管理的重要目标和依据，也往往被作为各级政府与官员的政绩考核标准。

但是，传统 GDP 只是对一定时期内其所有单位生产的最终产品与服务价值进行简单的累加，没有衡量和测算社会生产中自然资源减少、环境污染以及其他社会因素的影响所带来的价值成本。也就是说传统 GDP 无法体现经济活动对自然资源的消耗和对环境造成污染的代价，不能准确反映由于环境恶化造成的发展不可持续性和对人类的各种危害。而 GDP 常被作为政府宏观经济管理的重要目标，以及各级政府与官员的政绩考核标准。一些国家（地区）为了增加 GDP，盲目地促进经济发展，在短时间内无节制利用资源，对自然资源进行掠夺式开发；同时重复性消费以及某些产业泡沫经济使 GDP 迅速增长。然而，带来的后果是环境恶化、自然资源锐减、全球气候变暖、物种灭绝等一系列生态环境问题，这些问题已经严重威胁经济和社会的可持续发展和人类的生存。所以，这种单纯的 GDP 增长只是一种虚高，并不能完全反映社会经济发展水平的真实情况。

随着社会的发展和工业化水平的提高，以及资源环境的日益恶化和对可持续发展认识的不断深入，特别是 GDP 不能反映经济增长对资源环境所造成的影响，其局限性也越来越受到社会的关注和学术界的质疑。现行的国民经济核算体系（SNA）不能真实反映一个国家（地区）的社会福利水平，不能满足体现可持续发展的经济社会发展评价需求。因此，构建一个新的能真实反映一个国家（地区）的社会福利的经济核算体系的使命，已摆在各国政府和各界科学家们的面前。为了弥补传统 GDP 在资源和环境核算方面存在的诸多缺陷，自从 20 世纪 70 年代开始，科学家就开始努力寻找一种从经济增长中扣除自然资本损耗，以及由于生产过程中造成的环境伤害和社会损失的统计方法。联合国和世界银行在改进 GDP 核算的研究和推广方面做了大量的工作，提出了将自然资源和环境纳入核算体系的综合环境经济体系（SEEA），并以此为基础建立了扣除环境受损的修复成本和不可再生资源的损耗成本的绿色 GDP 的核算指标。2012 年，联合国统计署发布了最新一期的综合环境经济核算体系（SEEA - 2012）。SEEA - 2012 的经济核算体系，明确提出了自然生态系统功能的社会服务价值，建立了实验性生态系统账户。SEEA - 2012 的绿色 GDP 在扣除环境受损的修复成本和不可再生资源的损耗成本的基础上，还拟加上生态系统自身产生的生态效益价值，能客观反映一个国家（地区）的经济、社会、环境之间的相互作用与影响以及社会福利水平。

我国借鉴联合国、世界银行与世界自然基金会提出的 SEEA 的基本理论，制定了《环境经济综合核算框架》（CSEEA）和《基于环境的绿色国民经济核算体系框架》，以此作为建立中国绿色 GDP 核算的依据，启动了绿色 GDP 核算。2006 年，我国环保总局和统计局联合发布了第一份《中国绿色国民经济核算研究报告 2004》[3-5]。然而，当前我国绿色国民经济核算中存在的问题较多，如相关理论依然不成熟，没有形成完整的核算体系[6]。虽已经开展了一些研究，但对自然资源损耗、较严重的环境污染问题等大部分核算内容的研究还不够深入，根本无法与绿色国民经济核算的需求相适应[7]。在这种背景下，本著作以可持续发展理论、环境价值论、生态经济学理论为基础，借鉴联合国综合环境经济核算体系（SEEA－2012），构建综合绿色 GDP 核算体系，以湖南省 2004—2013 年的经济发展情况进行综合绿色 GDP 核算为例，围绕如何有效地反映经济发展与环境资源、生态系统服务之间的相互关系，如何正确体现在国民经济核算体系下环境资源价值这一核心问题展开深入研究与探讨，为我国的可持续发展提供科学管理决策依据。

第二节　研究目的

（1）本著作在可持续发展理论、环境价值论、生态经济学理论指导下，以《环境经济核算体系—中心框架（SEEA－2012）》和中国绿色国民经济核算体系为基础，增加生态系统账户，构建综合绿色 GDP 核算体系。

（2）通过现行的绿色 GDP 核算模型和建立的综合绿色 GDP 核算体系，分别对湖南省的绿色 GDP 和综合绿色 GDP 进行核算，准确分析湖南省社会经济发展的可持续状况，为湖南省的社会经济可持续发展决策提供参考依据。

（3）通过对比不同核算体系得出的核算结果，分析综合绿色 GDP 核算体系的科学性和可操作性，为逐步建立和完善我国绿色国民经济核算体系，以及我国实行绿色 GDP 核算提供借鉴。

第三节　研究意义

综合绿色 GDP 既体现了经济的增长速度，又反映了社会可持续发展的前提下的真实财富和净福利水平，以及国民的生活真实质量。综合绿色GDP 能够改变人们以往对经济增长的认识，使得人们的目光不再只停留在经济增长数量上，更多的是放在经济增长的质量和人们赖以生存的环境上。

一、完善了现行的 GDP 核算体系

国民经济核算不仅直接关系到经济运行状况分析，而且也影响着宏观经济政策制定。目前，GDP 是应用于评估国家（或地区）整体经济发展水平和发展趋势的重要指标。虽然，传统的 GDP 中任何产品都利用了资源（资源消耗）和环境（环境受损）的自然资本，但传统 GDP 没有体现资源和环境自然资本，也没有体现生态系统为人类服务的自然资本。从核算系统的要求和目的来说，任何一种不能反映自然资本作用的核算系统都是不完善的，也不能真实反映经济运行状况。本研究建立的综合绿色 GDP 核算体系，不仅估算了资源消耗和环境受损的自然成本，而且估算了生态系统为人类服务的自然价值，完善了现行国民经济核算体系。

二、更正传统核算的错误理念

在传统的核算体系里，经济活动的最终产品（包括货物和服务）被认为是生产的结果，产品价值被认为是凝结在商品中的社会劳动的认可，也就是说产品的价值全部是人类劳动的结果。同时，环境有没有价值至今仍在争论，随着人们对环境的重要性认识的意识加强，赞同环境有价值的观点的人不断增多。但是，对于环境为什么有价值、有什么价值等问题，人们仍不明了。通过综合绿色 GDP 核算研究，能解答以上的几个问题。产品的价值中包含两种价值，即社会属性价值和自然属性价值。人类创造的价值属于社会属性价值这部分，而自然属性价值则从两方面体现：一是从环境的价值转移而来，也就是产品在生产过程中发生环境退化和资源消耗成本，这些成本作为环境投入转移到了产品的价值中；二是生态系统为人类提供福利，人们在享受时应付的"虚拟"成本。绿色 GDP 理念将更准确地核算人类的真实产出。

三、为国民经济可持续发展和生态文明建设提供了科学依据

自改革开放以来，我国 GDP 以 10% 的增长率迅速扩大，但这种高速增长是以牺牲环境资源为代价的，是不可持续发展的。综合绿色 GDP 核算

能客观地反映国民经济增长与资源、环境之间的相互关系和生态系统服务的贡献，体现了环境资本和资源资本及生态服务效益在社会总资本中的作用和地位，而且也为政府提供经济和社会可持续发展战略需要的信息。把对社会生产力的核算和对自然生产力的核算有机结合起来，真正实现综合决策，保证国民经济可持续发展。

四、有利于各级政府进行科学决策

以往，GDP 增长一直是考核干部政绩的最重要指标，有些地方官员为了突出自己的政绩，以牺牲资源、牺牲环境，甚至牺牲人民的生活质量来换取 GDP 的高增长。综合绿色 GDP 不仅把资源、环境纳入核算，也把生态系统服务纳入核算体系。这就要求当地政府和官员在制定决策的时候不只是注重 GDP 的增长，而是要把整个经济社会的运行情况及未来的可持续发展进行统筹规划，把经济增长与环境保护、资源节约、社会发展放在一起综合考核。而且综合绿色 GDP 能科学地、准确地反映出地方各项环境资产的存量价值和流量价值、环境价值的总量及动态数据。综合绿色 GDP 核算有利于地方政府更准确地掌握经济生产和环境的状态及变动情况，有利于地方政府合理地制订相关经济生产和环境政策，从而实现当地的社会、经济、环境可持续发展战略。

第四节　文献综述与研究现状

一、传统 GDP 核算的局限性

从生产法计算看 GDP，GDP 是一定时期总产出扣除其中间投入的差额。国内生产净值（NDP）是 GDP 再扣除固定资本消耗的结果。无论是固定资本消耗还是中间投入，都必须是其他生产过程的产出，并不包含在 GDP 内。这就意味着，国内生产总值的投入和代价仅限于各种货物，与服务、环境资源和自然资源无关。

从支出法计算看 GDP，GDP 是由三大部分组成，即最终消费、资本形成和净出口。其中资本形成只包括生产资产增加，非生产资产不在其内，由此给人们造成这样的印象是经济产出仅是经济投入的结果，与环境资源的投入和自然资源的利用无关。自然环境游离于经济过程之外，其动态变化与当期经济过程没有关系，只是纯粹的自然过程。可见，在生产核算中忽略了环境的退化和自然资源产品在经济活动中的作用和贡献，进而忽略了环境质量恶化和自然资源匮乏对经济过程的约束，使得最终 GDP 只反映了增长部分的"数量"，其增长的"质量"却无法反映出来，不能反映可持续发展的水平和动态变化。

现行的国民经济核算体系（SNA）未能全面反映经济与环境资源的关系。首先，GDP 确定的核算范围只是市场活动及与市场的经济活动，并没有覆盖全部的经济活动，而与市场无关的许多非市场化的经济活动被排除在国民核算范围之外。其次，GDP 资产存量核算，只有生产资产才是可以运用以及因经济产品的积累而增加的资产，其存量的变化与当期经济流量核算相关联；非生产资产（包括环境在内的）并不作为生产过程的投入看待，资产的变化与当期经济过程没有直接的联系。按照资产形成方式，非金融资产分为生产资产和非生产资产两类。由人类生产直接创造的，以及由以往时期产出转化而成的资产称为生产资产；非生产资产则包括矿藏、土地以及非人工培育的森林等各种自然资产，还包括专利、商誉等无形资产。这些资产产生于直接生产以外的过程。GDP 核算中只核算了那些符合经济资产定义的环境和自然资源资产，并没有核算那些不符合经济资产定义的非生产资产。也就是说，大量的自然资产由于不符合经济资产的条件未能纳入国民经济核算的资产范围，因此，国民经济核算框架无法完整地体现经济与环境资源的关系。

实际上，自然资源与环境参与了社会各种经济活动。一是利用环境（向环境排放废气物）、消耗资源（如矿产资源）而获得经济产品的活动，其二是以保护（植树造林）和恢复（废弃物处置）环境为主要任务的经济活动。由于环境的利用、自然资源的消耗和自然生态的破坏并没有通过市场交易，因而一直被排斥于核算体系之外。也就是说，GDP 核算中既没有体现经济过程对环境的影响，也没有反映资源因素对经济过程的作用，没有衡量和测算社会生产中自然资源减少、环境污染以及其他社会因素的影响所带来的价值成本。此外，人们的消费活动也可分两种情况：一种是真正提高自身福利水平的消费，另一类种是因为治理环境恶化所消耗的消费。但现行国民经济核算体系（SNA）中没有区分这两类消费。因此，GDP 中包括有损害发展的"虚数"部分，不能真实表达社会的财富和福利水平[6]。

　　总的说来，现行的 GDP 规模越大、增长速度越快，对自然资源消耗就越大，造成生态环境和自然资源无偿的"透支"，这会给一个国家或地区带来生态危机，严重威胁着人类的生存和可持续发展。GDP 的核算中实际上有一部分是以牺牲生态环境和自然资源为代价，只反映了经济增长的正效应，掩盖了经济生产过程中造成的环境质量退化会降低人类健康和福利水平的负效应。GDP 的增长，使表面看来经济繁荣，繁荣背后却是自然资源和环境破坏的严酷现实。GDP 只反映一个国家或地区经济增长的数量而并不能真实反映其增长的质量[8-9]。GDP 核算中大量的自然资产由于不符合经济资产的条件而未能纳入国民经济核算的资产范围，可见，GDP 核算体系不能衡量社会公正分配；环境降级成本和自然资源消耗成本及生态服务效益在 GDP 核算中被忽略，意味着 GDP 指标不能客观反映经济增长的效率、效益和质量。如果盲目单纯追求 GDP 的增长，就有可能使环境状况恶化和自然资源损失，进而导致经济不可持续发展。

二、绿色 GDP 概述

（一）绿色 GDP 的概念与内涵

　　1994 年，联合国统计司响应《21 世纪议程》中建议，发布了《国民核算手册：综合环境经济核算体系（SEEA - 1993）》。在 SEEA - 1993 中显示了可持续发展概念和进行环境核算理念，建议建立自然资源账户和污染账户，对环境资产进行全面核算。因此，就出现了绿色 GDP 这个概念。但是，世界上还没有一个国家提出过准确的、公认的绿色 GDP 概念，而且，目前学术界对绿色 GDP 尚无一个权威的定义[7,10]，但我国学者王兵研究员提出了"生态 GDP"的新概念[11-13]。

　　国内生产总值（GDP）是传统国民经济核算（SNA）的核心指标。当联合国与世界银行等组织提出了将自然资源和环境纳入核算体系的综合环境经济体系（SEEA）后[14-15]，国内生产总值（GDP）核算就得依据 SEEA 理论、标准，遵循 SEEA 的方法和制度。在 SEEA 体系下国内生产总值（GDP）核算是以保护环境和可持续利用自然资源为出发点，在现有国民经济核算的基础上，扣除了经济活动中的环境污染代价与自然资源耗减成本，进行经济、资源、环境综合核算。"绿化"是我国政府常用的词，如"绿化"祖国、"绿化"环境、建立"绿化"国民经济经济核算等，于是就有我国的绿色 GDP 概念。

尽管目前学术界对绿色 GDP 概念没有一个权威的定义，但各种定义较为一致的是，绿色 GDP 是在考虑了人类生产活动对环境恶化和自然资源损耗的基础上对 GDP 进行修正来定义的。从目前的研究看，大致分为狭义、广义两种绿色 GDP。狭义绿色 GDP 是对传统 GDP 进行资源环境成本调整，在传统 GDP 中扣除自然资源耗减价值与环境污染造成的损失价值后的国内生产总值（绿色 GDP）。广义的绿色 GDP，是将传统 GDP 与经济福利结合起来进行修正，从传统 GDP 中扣除了不可再生资源损耗价值、生态破坏成本和环境污染价值损失后的绿色 GDP。也有研究者把广义绿色 GDP 核算公式表述为：绿色 GDP = 传统 GDP － 人文部分的虚数 － 自然环境部分的虚数。式中，人文部分的虚数就是经济增长对人的各种权益福利造成侵害的价值成本，自然环境部分的虚数就是资源耗减和环境损失的价值成本[7]。

由此可见，绿色 GDP 是在可持续发展观的指导下产生的。可持续发展具有自然意义上的可持续发展和社会意义上的可持续发展双重含义[15]。从理论上讲，绿色 GDP 扣除了自然环境部分和人文社会部分的虚数。其中，自然部分虚数包括自然资源的退化与配比的不均衡、资源稀缺性所引发的成本、污染造成的环境质量下降、能源的不合理使用导致的损失、长期生态质量退化导致自然灾害造成的经济损失等五大因素。人文部分的虚数则涵盖了由于失业、犯罪、教育水平低下和文盲状况导致的损失，疾病和公共卫生条件所导致的支出，人口数量失控和管理不善（包括决策失误）造成的损失等。

（二）绿色 GDP 的不足

虽然，绿色 GDP 核算把经济活动和与之相关的环境活动有机联系起来，解决了社会经济发展过程中的资源消耗过大、环境损害严重等问题，但随着人类对生存的环境和社会拥有财富的认识进一步深入，发现绿色 GDP 核算仍存在一些不足，还不能完全反映经济、环境、社会的可持续发展的全貌。

绿色 GDP 核算体系侧重于经济发展过程中环境资源损失的代价的核

算，即在传统 GDP 中扣除生态破坏损失和环境污染成本，因此，国内生产总值只不过是将一个国家在一定时期内其所有单位生产的最终产品与服务，扣除环境资源损失成本后的总额货币价值。可见，绿色 GDP 对社会财富的理解依然停留在传统 GDP 的理念上。

环境恶化和资源枯竭已经制约经济的可持续发展，人们为了解决经济发展中资源过度消耗和环境损害问题才提出绿色 GDP 概念。那么，绿色 GDP 给人的印象是经济总量增长，必然是建立在自然资源消耗增加和对环境产生伤害的基础上，这种观念或多或少对 GDP 增长的认识存在一定的局限[16-17]。绿色 GDP 核算反映资源和环境在经济活动中发挥的重要作用，从经济价值量的角度上正确评价了社会经济发展真实状况，但是，它仅仅考虑了经济发展对环境损害和资源消耗的价值量，并没有考虑支撑着人类生存（包括人类社会的经济活动）的自然生态系统服务价值。这从侧面反映出绿色 GDP 对自然生态系统服务的主观能动性认识不足。

绿色 GDP 核算主要是反映经济发展对资源和环境造成的不利影响，强调环境在 GDP 中的负价值，虽然在某种程度上能提高国家（或地区）在经济发展过程中对环境保护和治理的重视，但是绿色 GDP 核算仅从经济角度对人类社会发展进行核算，而忽略了自然生态系统服务对人类社会发展进行核算。实际上人类社会的发展并不单纯体现在经济发展上，自然生态系统为人类提供生态服务效益，这不仅是社会财富，而且良好的生态环境更有利于促进经济、社会的向前发展。从这点上分析，绿色 GDP 只能说是可持续发展的指标之一，而不能体现可持续发展的全部内涵[16-17]。

2012 年联合国统计委员会又推出了新的环境经济核算体系《2012 年环境经济核算体系：中心框架（SEEA - 2012）》，并将其作为一项国际统一标准。虽然，人工培育的生物资源（如人工林）以及自然生态系统的服务功能（价值）并不属于 SEEA - 2012 界定的自然资源范畴，但是，SEEA -2012建立了试验性生态系统账户。在当前绿色 GDP 仍存在不足的情况下，本研究将在 SEEA - 2012 的体系框架下，根据已建立的试验性生态系统账户的要求，提出一个新的综合绿色 GDP 概念，并构建综合绿色 GDP 核算体系（这些在本著作第二章再作详细论述）。

（三）绿色 GDP 核算在我国执行的难度

绿色 GDP 是在可持续发展理论指导下产生的，绿色 GDP 核算是对经济发展过程中的资源消耗、生态破坏损失和环境污染成本进行核算。可见绿色 GDP 核算体现了经济过程对环境的影响，也反映了环境对经济过程的作用，扣除了经济发展的"虚数"部分，反映了社会生产过程的经济活动的质量，更科学地衡量一个国家（地区）的真实发展和进步。联合国推出综合环境经济核算框架（SEEA – 2003）后，我国就开展了中国的绿色 GDP 核算工作，有关部门对我国 2004 年到 2010 年的国内生产总值进行了绿色 GDP 核算。从这 7 年执行绿色 GDP 核算的实践看，绿色 GDP 核算在我国推行还有一定难度。

1. 技术层面的困难使绿色 GDP 核算难以执行。

（1）统计数据不健全。在绿色 GDP 核算体系中要建立实物流量和与经济有关的环境活动流量账户，我们从中国绿色国民经济核算研究报告中看出[18]：核算账户实物流量中只有森林资源、矿产资源、水资源、土地资源消耗实物流量表，造成环境退化的实物流量只有原煤、原油和天然气。实际上与经济活动有关的资源消耗和造成环境退化的实物不止这些，如我国在农业经济生产中投入了大量的化肥和农药，化肥和农药不仅污染环境，而且还对耕地产生伤害。然而造成环境退化的实物流量表中没有这些实物的数据，更重要的是与经济有关的环境活动的统计数据遗漏更多。SEEA 明确解析了环境活动分为环境保护与资源管理两类。虽然我国统计中有产品的产出、出口、增加值以及就业和固定资本等指标，但与环境相关的交易，如环境税、环境补贴、有偿付费以及经济增长对人的各种权益福利造成侵害的价值成本等数据却完全缺乏。基础数据的不完整造成绿色 GDP 的"失真"，因而造成人们对绿色 GDP 核算失去信心。

（2）统计量纲不统一。由于绿色 GDP 核算把大量与经济活动有关的各种资源包括在统计范围内，环境资源量和自然资源的量纲并不完全统一。然而，不同类型、不同质量、不同形式的物质由于存在差异，它们之间是不能直接进行加减的[184]。如何给内容特征不同的物质找到一个统一的量纲计量单位，一直是绿色 GDP 核算中的难题之一。虽然，Wacky Er- nagel 等人构建了"生态足迹"度量指标，将人类需求和自然界供给的资源量转化为全球一致的生物生产性土地面积进行统计[19-20]，但是这样做工作量大，给实际操作带来难度。

（3）开展绿色 GDP 核算技术上另一个难点是环境与自然资源的准确

定价。目前，GDP 核算在自然资源消耗定价上，基本上采用使用成本法、净价值法和净租法三种方法。净租法一般用于不可再生资源，对环境降低成本的定价大都采用维护成本法和损害法。由于各国经济状况不同以及对环境保护认识程度不一样，那么，对同一种资源或环境降低成本所定的价值也不一样。我国单位矿产资源恢复费用，如石油的理论恢复费为 592.9元/吨，实际恢复费为 463.55 元/吨。实际上，石油需要生物经过上千万年的地质因素演化形成，并且难以更新。人类付出的价值不是石油的真实价值。如何用统一标准来估量资源的真实价值，一直是绿色 GDP 核算的难点。为解决这个问题，Odum 创立了能值理论和分析方法。该理论认为，自然界的一切资源和人类创造的所有财富中的能量都直接或间接地来源于太阳能，可以用太阳能值为基准来度量各种能量的能值大小；从能值的概念出发，无论是可更新资源或不可更新资源，还是产品、劳务，甚至是教育、信息和科学技术都可以用能值来评估其价值[21]。但是，目前，能值理论和分析方法还没有被任何国际组织或国家政府认可，且过于复杂能值转换率的计算，使它难以应用到绿色 GDP 核算的实际操作中。

2. 政策层面上的抵触阻碍了绿色 GDP 核算的执行。

目前以 GDP 为主的经济发展观仍主导着各级政府，GDP 的总量和增长速度是政府宏观经济管理的重要目标和依据，也往往被作为各级政府与官员的政绩考核标准之一。绿色 GDP 中扣除了经济发展过程中的资源消耗、生态破坏损失和环境污染成本，无疑使地区的经济 GDP 增长率降低。从我国连续 7 年（2004—2010 年）绿色 GDP 的核算结果来看，环境退化成本增长了 115%（从 5118.2×10^8 提高到 11032.8×10^8 元），虚拟的治理成本增长了 94.5%（从 2874.4×10^8 提高到 5589.3×10^8 元）[16-17]，表明我国经济社会总体仍在拼消耗、拼资源、以破坏生态环境为代价的褐色经济的轨道上发展。2004、2008、2009 和 2010 年，我国 GDP 中扣除了经济发展过程中的资源消耗、生态破坏损失和环境污染成本后，GDP 分别缩水4.85%、3.9%、3.8% 和 3.5% 左右[16-17,22]。经绿色 GDP 核算后当年 GDP的增长率将会所剩无几，从而挫伤了政府促进经济发展的信心和官员的积极性，造成政府官员不愿意谈及绿色 GDP，甚至"谈绿色变"。我国已经完成 2004—2010 年的《中国环境经济核算研究报告》。但是，对绿色 GDP的计算方式和科学性以及《中国环境经济核算研究报告》要不要公布以及如何公布等问题，一些政府部门在认识上分歧很大，争议很大，因此，仅2005 年正式发布了全国的绿色 GDP 核算报告，之后再没有把环境资源核算结果公布于众。由此可见，绿色 GDP 核算在我国推行还有难度[22]。

由于绿色 GDP 核算扣除了经济发展过程中的资源消耗、生态破坏损失和环境污染成本，因此，企业利润会有所减少，这或多或少地影响地方政府的税收。可见，实行绿色 GDP 核算必然会涉及企业和有关部门的利益得失，为了自己单位的利益，这些单位会给绿色 GDP 核算产生各种各样的阻力。

国家对绿色经济产业投资不足。2010 年我国房地产行业的投资最多，接近当年全国投资的四分之一 (23.84%)，对水利、环境和公共设施管理等的投资约占 9.22%，对农、林、牧、渔业这些低能耗的产业投资仅占1.64%，在节能降耗、废物回收等方面的投资则更小[23]。目前，我国一些地方政府仍热衷于"资源高投入、能源高消耗、环境高消费"的"三高"传统经济发展模式，对绿色 GDP 核算有抵触情绪，阻碍了绿色 GDP 核算的实行。

三、环境经济核算研究进展

传统 GDP 的计算中，人们在经济活动中的作用和贡献是用货币来衡量的，仅仅计算了经济产品价值，忽略了自然资源产品损失和环境退化的价值，以及在生产产品过程中对环境造成的污染损失[5]。人类经济社会所生产产品的大部分原材料都来自于自然环境系统。随着国民经济的快速发展，资源的消耗越来越大，导致自然资源变得越来越稀缺和匮乏。如世界荒漠化的土地面积每年以 6 万~7 万 km^2 的速度扩大，世界森林面积平均每年约减少 $300 \times 10^4 hm^2$，水资源逐年减少，矿产资源日益枯竭，物种灭绝，同时在人类的经济活动过程中造成的环境问题日益突出。温室效应、空气污染、土地沙漠化、盐碱化和水土流失等问题使人类生存环境渐趋恶化。

环境恶化和资源枯竭已经制约经济的可持续发展。西方国家认识到传统 GDP 的弊端，并为人类未来担忧。基于保护环境和可持续利用自然资源，国际上对环境、资源、经济发展之间的关系一直进行着艰辛的理论探索，逐渐意识到在国民经济核算中要体现环境和经济的协调关系，能有效反映经济、社会发展与环境之间的相互关系及其变化。于是，环境核算作为社会核算的组成部分被呼吁而出[24]。

（一）环境经济核算指标的国际研究进展

从 1970 年开始，联合国、各国政府、一些国际研究机构和众多的科学家们，围绕如何构建环境经济核算进行了大量理论探索和实践方法研究。

1971 年，美国麻省理工学院首先提出"生态需求指标（ERI）"，该指标不仅阐明经济增长对资源环境压力的对应关系，而且可被用来定量测算它们。

1972 年，两位学者（James Tobin and William Nordhous）共同提出"净经济福利指标（NEW）"，并提出应从 GDP 中扣除环境污染等经济行为所产生的社会成本，而且还应该扣除被忽略的社会义务和家政活动等经济活动所产生的社会成本[25]。

1973 年，日本在国家层面上提出"净国民福利指标（NNW）"[26]，该指标把生产经济活动与由此产生的环境污染联系起来，把环境污染治理成本从 GDP 中扣除。

1989 年，Robert Repletion 等人提出"净国内生产指标（NDP）"，该指标描述了经济增长与自然资源的耗损之间的关系，认为如果不把自然资源的耗损从 GDP 中扣除，会造成 GDP 的"虚高"。

1990 年，世界银行资深经济学家（Her man Daly）提出"可持续经济福利指标"，该指标不仅考虑了诸如失业率、犯罪率和财富分配不公等社会因素所造成的成本损失，还提出如医疗支出只算是社会成本，不能算作对经济的贡献。该指标清晰地厘清了经济活动中的效益与成本[27]。

1995 年，世界银行提出了"扩展的财富"指标和"真实储蓄率"指标。扩展的财富指标使"财富"概念超越了传统国民经济核算体系赋予的内涵，财富应包括生产资本、自然资本、社会资本和人力资本。"扩展的财富"比较客观、公正、科学地反映了一个国家（地区）社会经济发展的真实情况，为国家（地区）拥有的真实财富及其发展动态变化，提供了一种更具有可比性的统一标尺。"真实储蓄率"构成了绿色国民储蓄的一个综合性框架，国民储蓄将经济发展与资源环境保护紧密结合起来，不仅客观地测度了一个国家（地区）财富的存量，而且能真实地测度一个国家（地区）财富的动态变化，及其所显示的"储蓄率"的变化[28-33]。

1996 年，Wack ernagel 等人构建了"生态足迹"度量指标。生态足迹指标对可持续发展测度最重要的贡献在于其概念的形象性，通过引入生物生产性土地的概念，实现对各种自然资源的统一描述，将资源量转化为全球一致的生物生产性土地面积。人类的需求和自然界的供给通过相同的单位比较，使得我们能够明确判断现实与可持续发展的距离[34-36]。

1997 年，Constanta 等人建立了"生态服务指标体系（ESI）"[37]。要估算生态服务价值，首先要建立评价指标体系，这是估算生态服务价值的基础。通过 Constanta 等人建立的生态服务指标体系，可以估算自然生态系统维持生命系统和支撑人类生存环境等多种功能及其相应的生态服务价值，更加深刻地理解人类与自然界之间的关系。

（二）环境经济核算框架体系的国际研究进展

20 世纪 70 年代联合国开始进行环境统计的方法与模式研究，编写出了《环境统计资料编写纲要》。20 世纪 80 年代初提出了"绿色核算"的概念。1987 年联合国环境与发展委员会的《我们共同的未来》报告阐明了经济和社会发展与环境能力之间的联系，并提出"可持续发展"理念。1989 年联合国、世界银行、经济合作与发展组织、欧洲经济委员会和国际货币基金组织联合开展了关于"环境经济综合核算问题"的研究，并于1992 年完成环境经济综合核算的"SNA 框架"和"环境卫星账户的 SNA框架"两项研究成果[38-40]。同年联合国环境与发展会议的成果文件《21世纪议程》中建议各国尽早实行环境经济核算。

1994 年，联合国统计司响应《21 世纪议程》中的建议，发布了《国民核算手册：综合环境经济核算体系（SEEA-1993）》。在 SEEA-1993 中显示了可持续发展概念和进行环境核算理念，同时该国民核算手册建议建立自然资源账户和污染账户，对环境资产进行全面核算。这是一个临时性版本，由于相关概念和方法并未完善，引起了激烈的讨论。

联合国环境规划署和联合国统计司在内罗毕小组编写的材料基础上，出版了《综合环境和经济核算业务手册（SEEA-2000）》。SEEA-2000 中把 SEEA-1993 出版后讨论内容进行整理，阐述了经济核算和综合环境在制定政策中应用的重要性，提供了关于实施环境经济核算体系更实用模块的分步指导。

同时，一些国际机构（国际货币基金组织、欧盟委员会、经合组织和世界银行）也在进行此项工作的研究，并与伦敦小组合作修正 SEEA-

1993。2003 年联合国与这些国际组织共同编写了《国民核算手册：2003 年综合环境和经济核算（SEEA – 2003）》。SEEA – 2003 无论是定义和方法的协调统一，还是材料广度和环境及经济核算概念等方面，都比以前的版本提升许多[41]。

但是，将 SEEA – 2003 作为一种国际统计标准，在联合国或国际机构始终没有被正式通过。由于环境资源重要性的认识日益深入，如何正确体现在国民经济核算体系下环境资源价值的呼声不断，于是在 2007 年的联合国统计委员会举行的第 38 届会议上商定，对 SEEA – 2003 进行再次修改。并拟定在 5 年内使环境经济核算体系作为一种国际统计标准。

经过几年对 SEEA – 2003 的进一步完善，2012 年，联合国统计署和 WB 终于推出了新的《环境经济核算体系：中心框架（SEEA – 2012）》，并使其作为一项国际标准，在 2012 年 3 月联合国统计委员会第 43 届会议上通过。这是首个环境经济核算体系的国际统计标准，它将环境的统计及其与经济的联系纳入官方统计的核心。

"SEEA – 2012" 与 "SEEA – 2003" 版本相比有四个明显的变化：（1）扩展了环境退化内涵和与之相关的核算方法内容，尤其是造成生态系统退化的估价方法；（2）建立了一个可供查找各国核算网络平台和相关范例材料的档案；（3）完善了 "SEEA" 选项中相关的核算方法；（4）"SEEA – 2012" 中心框架是在 2008 年修改的 "SNA" 基础上构建的，新设立了对生态系统物质量进行评估的试验性生态系统账户[22]。"SEEA – 2012" 作为国民经济核算体系的附属卫星账户，为环境经济核算提供了国际统一的统计标准。通过建立环境核算账户和资源核算账户，将资源环境因素纳入国民经济核算体系，实现综合环境经济核算，真实地反映资源环境与经济之间的关系。

目前，国际上在环境经济核算框架体系研究中，除联合国推出的《综合环境与经济核算体系（SEEA）》外，还研究几种环境经济核算体系。

荷兰统计局提出的《包括环境账户的国民经济核算矩阵体系（NAMEA）》的绿色核算。"NAMEA" 又称为国民经济环境核算矩阵，其核算方式是建立两组与环境有关的账户，这些账户是以实物单位表示，并不是以货币单位表示。"NAMEA" 显示了自然环境和生产消费活动之间的联系[42]。

欧盟统计局提出的《欧洲环境的经济信息收集体系（SERLEE）》的绿色核算体系。该体系在 SNA 的基础上进行了扩展，着重环境保护支出核算，以环境保护为基础，提出以污染者付费为原则[43]。

目前菲律宾采用的《环境和自然资源账户计划（ENARP）》绿色核算。1998 年，美国经济学家 Henry M. Peskin 教授提出了该核算体系。"ENA-RP"同样把环境和自然资源纳入国民经济核算[44-45]。此外，国际上墨西哥、挪威也是进行绿色经济核算方法研究者之一[46-52]。

（三）国际对"SEEA"的实践研究进展

"SEEA"体系建立在传统国民经济核算体系基础上，兼容并蓄各种体系的优点，新增了涵盖各种自然资源与环境卫星账户，因此，在国民经济核算中，许多国家大都采用"SEEA"体系。

美国依据净经济福利指标（NEW），估算了 1940—1968 年美国的年平均净经济福利，由此得出 1940—1968 年美国的年平均净经济福利在 GDP 中不足 50%。1993 年，日本制定了各种污染物的排放标准，并规定凡是超标的治理费都应在 GDP 中扣除，于是在 GDP 扣除环境治理成本后的净国民福利增长率为 5.8%，而日本当年的 GDP 增长率却有 8.5%。1971—1984 年印尼平均经济增长率为 7.1%，利用净国内生产指标（经济增长减去自然资源损耗）进行调整后，其平均经济增长率仅为 4.8%。通过可持续经济净福利指标（ISEW）核算澳大利亚 1950—1996 年真实的经济增长率，发现 1950—1996 年 GDP 增长率比真实的经济增长率高 42.85%。欧洲环境局实施生态系统和土地使用的核算计划，虽然根据联合国 SEEA 的指导方针进行，但在实际操作上对生态系统和土地使用的核算中数据监测、收集和处理，以及数据同化和融合的统计方法进行了改进，符合欧洲环境政策一体化的需求[53]。挪威是进行自然资源核算最早的国家。1981 年挪威政府首次公布和出版了"自然资源核算"数据[46-51]。1990 年墨西哥在联合国支持下率先实行绿色 GDP 核算。加拿大[52]、韩国[53]、瑞典[54]也在联合国提出的"SEEA"体系上，编制了环境资源核算。

将资源环境纳入国民经济核算的理论研究和实践探讨上，国外许多学者为此进行了不懈的努力。Robert Smith 从理论和实际操作两方面对"SEEA"的实施进行了认真分析，认为现有统计对于公共政策影响的缺陷，环境核算可以有效地进行修正。B. H. Walker，L. Pearson 提出，在看待自然资源上，现有的国民经济核方式存在多方面的缺陷，导致这些存量被高估；同时提出基于存量的衡量可持续发展的方法，并以澳大利亚东南部为例，对资本存量进行了评估[55]。

Peter Bartelmus 认为修订后的"SEEA"细化了自然资源的估价技术，但他偏向于以实物核算和系统连贯性的损失方式对自然资源量进行评估，并认为这样才能客观地体现自然资源的可持续发展[56]。Knut H. Alfsen 和 Mads Greaker 在仔细地分析挪威 1980 年以来的环境核算结果后，认为环境核算结果的好坏将能影响政策制定的走向，并从整体和细节两方面提出环境核算中要注意的问题[57]。

John Talberth 利用多个国家 30 ~ 50 年的基础数据，建立了 GDP 与绿色 GDP 增长模型，同时也建立了 GDP 与绿色 GDP 的差距模型，结果发现，在 GDP 与绿色 GDP 增长之间存在负的非线性相关，但它们差异的增长之间存在正的非线性相关[58]。Peter Bartelmus 认为，扩展的国民经济核算的目的并不完全是用来衡量经济福利，更重要的是应以经济活动对自然资本的耗减成本对环境的可持续性进行评估[59]。

Haripriya Gundimeda 等人应用 SEEA 的方法，设置了印度森林资源真实价值的国家账户。分析发现，印度国民收入的计算方法低估了森林对收入的贡献。他们认为不仅将自然资源，而且应将退化和滥伐森林造成的自然资本损失都纳入国民经济核算框架，这样才有利于森林的可持续管理[60]。

Richard M. Auty 通过毛里塔尼亚和乍得案例分析，说明 SEEA 和净储蓄可以用于诊断政策是否失误。通过 SEEA 加强对自然资源的健全管理，并以净储蓄率的形式提供一种政策可持续性指数，这可持续性指数能对低收入，但资源丰富的国家经济效益提高的政策制定提供指导[61]。

Stefan Giljum 等人（2011）认为，当今出现的许多环境问题主要是过度利用自然资源引起的，保护自然资源就应准确测定自然资源量和确定自然资源的使用尺度。为此，他在现有的资源利用测量方法基础上提出了一套新的资源利用补充指标。这套指标把人类的生产和消费作为一个整体看待，可以作为一般性指标框架[62]。

Simon Dietz，Eric Neumayer（2007）在测量弱可持续性和强可持续性上，如何应用 SEEA 体系，以及如何应用环境核算数据进行了深入研究[63]。James Boyd（2007）利用生态经济理论，对绿色 GDP 核算中如何在市场经济平等基础上核算大自然的价值进行了分析。同时他与 Spencer Banzhaf（2007）一起，为了解决"生态系统服务"纳入福利核算这个难题，提出了"最终生态系统服务单元"的定义，其目的在于使这些单元与国家核算中定义的传统的其他商品和服务具有可比性。这类单元为环境保护市场、土地保护和政府对环境效益的衡量提供了一个基本体系框架[63]。

E. A. Abdelgalil（2007）在一般均衡模型（CGE）的基础上开发了一个新模型。其模型可解决两个问题：一是能预测绿色 GDP 的未来前景，二是选择什么样的政策更有效。同时他认为在环境友好型经济发展前景下，绿色 GDP 在短、中期不会有较大增长，只有在制定了有效的政策、解决了一系列经济增长和资源退化之间冲突的特定的结构条件下，绿色 GDP 才有大的提升[64]。Malte Busch 等人（2012）通过意大利和德国的研究案例，对两国定性和定量评估生态系统服务价值的方法进行了分析，讨论了它们的缺点、特点及相对优势，并确定了应用这些方法的最佳条件，同时提出了在决策过程中如何改善与实施生态系统服务方式的建议[63]。

Viveka Palm（2007）在分析"SEEA"核算体系中，将环境税和补贴作为其统计的一部分时，介绍了环境税和补贴核算与工业排放数据的联系，同时说明不受监管的行业与环境之间、排放与环境税之间存在不对称问题。他还认为如果要比较国际竞争的影响，一个完全成熟的环境税和补贴的国际数据是必不可少的[65]。Gary Stoneham（2012）等人的贡献在于，利用试点的数据建立了一个符合环境经济综合核算体系的实物环境资产账户，并提出了估算生态系统服务的交易对 GDP 贡献的方法[66]。

JudithI. Ajani 等人（2013）提出了一种全面估算的国家碳贮量的核算框架，框架包括了碳存量、土地、人类活动引起的碳随时间变化的流量。它对当前"京都议定书"和"联合国气候变化框架公约"的清单流量的确立进行了补充。这个框架根据全球碳循环中的作用，把碳贮量分成生物碳（生物圈中的碳）、岩石碳（岩石圈中的碳）和人为碳（库存、产品和废弃物）等几个类型，并提出了一种碳密度，提出了基于碳损失的可逆性、时长的储量排名系统。这个框架有助于解决自然生态系统的减灾战略和农业用地需求难题的政策制定[67]。

Ahmet Atil Asici（2013）利用 213 个国家 1970 — 2008 年的数据，应用

固定效应的工具变量（IV）方法进行回归分析，探讨经济增长与自然压力的关系。结果得出收入和自然压力之间有正向关系，认为收入增加会增加对森林、二氧化碳损害和矿产开采的压力，而且贸易的增加也会加大对自然的压力[68]。

（四）环境经济核算理论的国内研究进展

我国在环境经济核算方面的研究起步较晚，但在 1981 年召开的全国环境经济学术研讨会上就提出了对环境污染进行核算的理念。1988 年，国内数十家部门与美国世界资源研究所合作开展《自然资源核算及其国民经济核算体系》研究，开始探讨适合我国对自然资源核算的理论与方法[69]。

1992 年，我国的国民经济核算体系开始转型，由计划经济下的国民经济核算体系转型为世界通行的 SNA 体系。1995 年又从 SNA 体系逐步转向 SEEA‒1993 的国民经济核算体系[70]。1996 年，李金昌对资源核算的理论及方法进行了探索[71]，王金南等详细地分析了 GDP 的中国资源环境基尼系数[72]。

1996—1999 年，北京大学探讨了经济发展过程中资源、环境、经济综合核算的模式、理论和方法，并提出经济可持续发展条件下的绿色核算的观念。1998 年，高敏雪分析了将资源核算纳入国民经济核算体系的必要性和可行性[73-74]。还有学者对中国排污收费制度，提出新的设计和改革的设想[75]。1999 年，一些学者对资源环境价值货币化核算的理论进行分析[76]，也有对资源环境或生态系统具有生态价值进行专题论述[77]。

2000 年，在世界银行的合作下，国家环保总局带头研究中国环境污染损失评估方法，建立环境成本模型[78]。2001 年，王舒曼提出了适应可持续发展战略的自然资源价值理论[79]。2002 年，李金昌认为环境核算中，价值核算是关键[80]。

2004 年，国家环保总局和国家统计局联合举办绿色 GDP 核算体系。随后出版了《中国绿色国民经济核算体系框架》、《中国绿色国民经济核算报告》、《中国绿色国民经济核算软件系统》、《中国环境经济核算技术指南》等一批研究成果[18]。根据 SEEA‒2003 框架提出的分类方法，召开了建立中国绿色国民经济核算体系国际研讨会，成立绿色 GDP 联合课题小组，开展"综合环境经济核算（绿色 GDP）"的研究。在此基础上，根据 SEEA‒2003 体系建立中国的核算方法，结合上海现行的环境统计、资源、生态现状，提出了建立上海国民经济核算体系与 SEEA - 2003 相连接的研究思路和设想[81]。过孝民等分析了生态环境损失计量的问题，并对生态环境损失计量方法提出新的见解[82]。

2005 年，国家发改委宏观经济研究院课题组对绿色 GDP 的内涵进行剖析，并探讨绿色 GDP 的统计方法[83]。2006 年，雷明等就中国绿色社会核算矩阵（GSAM）的构建进行研究，在环境核算框架、绿色国民经济总量指标和福利指标的测算上提出了修正方法[84]。王金南等对基于 GDP 的中国资源环境基尼系数进行分析[85]。2007 年，高敏雪在广泛吸收国际上的最新研究成果基础上，针对中国综合环境经济核算应用实践，比较系统地讨论我国在进行环境与经济综合核算中应注意的理论与方法问题[86]。

2008 年，马嘉芸提出我国 GDP 核算体系应遵循 SEEA 框架进行变革与重构[3]。2009 年，李金华在比较联合国综合环境经济核算三大核算体系比较的基础上，对中国环境经济核算体系的范式设计提出自己的见解[87-88]。同时，我国学者对中国环境经济核算体系范式的设计[89]、环境污染成本评估理论与方法[90]、环境资源价值核算与管理[91]等方面进行深入研究，提出了绿色 GDP 投入产出模型建立的构想和中国绿色经济核算技术[92]。

2012 年，徐渤海对中国环境经济核算体系（CSEEA）同 SNA、SEEA 之间的关系进行详细讨论，并对环境、资源与经济中的重要指标的相互关系、相互作用进行定量分析[93]。陈小平（2012）展开了"两型社会"下的国民经济核算体系研究，通过生产总值和经济水平、环境保护、资源利用、创新能力以及城市魅力五个指标进行统计，推行绿色核算，并在建立以绿色 GDP 为核心的工作考核指标等方面提出了建议[94]。

2013 年，王兵提出生态 GDP 核算理论。该理论是在现行 GDP 的基础上减去资源消耗和环境退化价值，再加上生态效益。其特点是不仅把资源消耗、环境损害纳入国民经济核算体系，而且也把生态效益纳入国民经济核算体系，形成以生态 GDP 为总量指标的经济评价体系。生态 GDP 核算体系弥补了绿色 GDP 核算中忽略了生态系统生态服务功能价值的缺陷[11-12]。

2014 年，吴翔构建了一套涵盖生态资源、环境污染和自然灾害三大部分内容的环境综合质量指标体系，提出用主成分分析法测算环境综合质量的综合指数，并认为以绿色 GDP 代替传统 GDP 作为产出指标，有利于在经济生产中对资源和环境施加约束[95]。

此外，众多的博、硕士论文也对 SEEA 中环境价值核算的相关理论进行了系统的梳理，并提出了新的思路和见解[96-99]。

（五）国内对"SEEA"的实践研究进展

20 世纪 80 年代，我国许多国家机构就开始展开环境经济核算，前期以跟踪国际有关这方面的研究为主。1984 年，国务院经济发展中心以及中国环境科学院，预测估算我国 2000 年的环境污染[100]。1998 年，国家统计局与世界银行合作，在烟台和三明市开展真实储蓄率的核算[78]。

2000 年，国家环保总局与世界银行合作，利用建立的环境成本模型在 2 个省市开展环境污染损失核算[1]。2002 年，国家统计局对国民经济核算体系进行修改，建立了环境卫星账户方案，增加了对矿产、土地、水和森林资源的实物核算表，开始展开污染物排放的实物量数据统计，并编制我国的能源账户，这为我国资源环境价值核算奠定了基础。2003 年，国家统计局采用实物量的方法计算全国的自然资源[1]。

2004 年，国家环境保护总局与国家统计局合作在 10 个省市进行试点，开展绿色 GDP 研究，出版了《中国环境经济核算 2004》[18]。在 2004 年试点基础上，扩大核算范围，完善核算方法，继续完成了 2005—2010 年间中国绿色国民经济核算[101]。在《中国环境经济核算研究报告》中，利用污染损失法核算环境退化成本和生态破坏损失。在《中国环境经济核算研究报告 2004》中核算的总环境污染退化成本为 5118.2×10^8 元，占 GDP 的 3.05%[18]。连续 7 年的核算结果表明：我国经济发展环境成本仍然上升，环境退化成本从 5118.2×10^8 元提高到 11032.8×10^8 元，增长了 115%；虚拟的治理成本从 2874.4×10^8 元提高到 5589.3×10^8 元，增长了 94.5%[22,101]。

在绿色 GDP 核算实践和应用上，国内相关领域的专家学者做出了大量贡献。1996 年，雷明以环境经济核算体系为基础，计算了我国 1992 年的绿色 GDP[102]，并构建了"1995 年中国环境经济核算体系（CSEEA）"，以此计算中国绿色 GDP[103]。

2001 年，王树林等以 SEEA - 1993 综合核算体系为框架，结合我国国情，设计了一套环境与资源核算账户，核算了北京市资源与环境消耗成本（包括保护服务费），在此基础上，对"绿色 GDP"指标进行适当调整[104]。2002 年，王金南利用自己研究的资源环境基尼系数，计算了中国 2002 年水资源消耗、能源消耗、SO_2 和 COD 排放的资源环境基尼系数[85]。2005 年，陈纲利用 SEEA – 2003 综合核算体系测算了湖北省绿色 GDP[105]。

2006 年，王铮等分别用传统 GDP 一般增长指标和绿色 GDP 指标对上海国民经济进行核算，结果显示上海市绿色 NNP 值低于 GDP 值，GDP 值低于绿色 GDP 值[106]。同年，徐自华对海南、宋达扬对江苏省进行了绿色 GDP 的核算，结果表明，海南省 2004 年传统 GDP 比绿色 GDP 高 37.8%[107]，江苏省绿色 GDP 比 GDP 低 10% 左右[108]。

2007 年，陈会晓利用绿色 GDP 理论，构建江苏省环境退化损失、自然资源耗减损失、非经济自然资产向经济自然资产转移等环境生态成本核算体系，用环境经济学方法估算资源环境价值，由此得出 2004 年江苏省绿色 GDP 中 8.44% 是以牺牲自身资源环境取得的[10]。李杰（2007）核算了成都市 2002—2005 年的绿色 GDP，发现绿色 GDP 的增速高于 GDP 的增速[109]。张庆红（2007）利用定量分析的方法获得新疆 2006 年的固体废物污染、水污染、大气污染物的实物量，并对环境污染的损失进行价值估算，从而得出了新疆 2006 年经济增长的环境代价[110]。此外，该年一些学者对山东省的绿色国民经济和海洋进行绿色 GDP 核算研究[111-113]。

2010 年，康文星等为了解决绿色 GDP 核算中把大量未进入市场的不同等级、不同质量的各种资源如何用统一的量纲计量，以及自然资源与环境资源如何定价的难题，采用能值分析法核算了怀化市的绿色 GDP[114]。杨丹辉（2010）等建立基于损害成本和环境污染损失核算的指标体系，并用其指标体系估算了 2000—2005 年山东省大气污染和水污染造成的各种经济损失。结果表明，山东省基于成本的总损失远低于基于污染损害的总损失，同时得出，山东省 2000—2005 年水和大气污染损失值占 GDP 的 1.77% ~2.94%[115]。吕杰（2010）依据 SEEA – 2003 的理论，根据云南省的环境生态、土地资源的特点，对个别指标进行调整，并依此初步核算了云南省 2009 年土地资源环境退化价值和土地资源环境价值[116]。

李阳（2012）结合青岛市具体情况，在 SEEA – 2003 的基础上建立青岛市绿色 GDP 核算体系，并核算了青岛市 2010 年的绿色 GDP，从中得出青岛市 GDP 有 5.5% 的经济增长是靠损耗自然资源和牺牲环境取得的[117]。

彭武珍（2013）利用浙江省的环境统计实物量数据，对浙江省自然资源的存量耗减价值和工业污染治理成本进行了估算，得出浙江省 2008 —
2010 年的环境退化价值和资源耗减价值，以及 2010 年年末的自然资源存
量价值[62]。宋敏（2013）以湖北省武汉市为例，针对耕地资源利用集约
程度提高所产生的环境代价，依据资源环境经济学的相关理论与评估技术
构建了核算模型，分析和评价了武汉市对耕地资源利用的环境成本。经核
算，如果以耕地面积计算，2011 年每公顷耕地用于农业生产所产生的环境
成本为 384.76 元[118]。

潘勇军（2013）在 SEEA－2012 和中国绿色国民经济核算体系的相关
理论基础上构建了生态 GDP 核算体系的研究框架。该核算体系考虑了经济
活动资源消耗价值和环境污染带来的外部成本，也考虑了生态系统所带来
的生态效益，并用该核算体系对贵阳市 2010 年进行生态 GDP 核算。结果
表明：2010 年贵阳市资源消耗价值和环境损害价值占当年 GDP 的 4.91%，
2010 年生态 GDP 比当年绿色 GDP 高 13.58%，比当年 GDP 高 10%，森林
生态效益占当年 GDP 的 14.94%[119]。

2014 年，杨晓庆核算了江苏省 1999—2010 年资源环境损失价值和绿
色 GDP，结果得出，每年绿色 GDP 占传统 GDP 的比例平均为 86.65%，表
明经济发展对自然资源尤其是能源的依赖性较强；自然资源耗减和环境污
染损失占 GDP 的比例开始下降，绿色 GDP 占传统 GDP 的比例逐渐上升
（共上升 1.95%）[120]。岳彩东（2014）引入环境变量和超越对数生产函
数，对索洛模型进行扩展后，用扩展的模型核算我国 1998—2012 年的各省
份工业增长状况，探讨了环境变量在经济增长核算中的影响[121]。

2015 年，冯喆构建了环境污染实物量核算账户、平衡表和环境质量综
合评价指标核算体系，并在浙江省湖州市应用，而且对实践结果进行了认
真总结和仔细分析，提出了构建环境质量综合评价指标核算体系应注意的
问题[122]。

四、生态系统服务价值核算

（一）生态系统服务概念

为在 SEEA 中建立生态系统账户，2011 年联合国国际环境署专名召开
了 3 次关键性会议，讨论在环境经济核算体系中拟定生态系统账户，进行
生态系统服务价值评估，进而启动全球财富核算的问题。虽然在 2012 年联

合国推出的《环境经济核算体系：中心框架（SEEA－2012）》中，自然生态系统的服务（价值）并未正式属于 SEEA－2012 界定的自然资源范畴，但建立了试验性生态系统账户，这为将生态服务价值核算正式纳入环境经济核算体系起着关键性的推动作用。

早 20 世纪 60 年代就出现了"生态系统服务"一词，人们开始认识到人类自己不可能替代生态系统服务。20 世纪 70 年代以来，一些学者提出"自然的服务"和"自然资本"的概念，以及"自然的服务—社会对自然生态系统的依赖"和"世界生态系统服务与自然资本的价值"等问题[123-127]，表明人们已认识到生态系统服务是社会的财富。

1997 年，Daily 在他的《自然服务：人类社会对自然生态系统的依赖》著作中，在众多研究生态系统服务的定义与内涵的成果基础上进行总结，认为：生态系统服务是指自然生态系统所提供的能够满足人类生活需要的条件和过程，维持与创造了地球生命支持系统，形成了人类生存所必需的环境条件[128]。欧阳志云将生态系统服务定义为：生态系统与生态过程所形成及所维持的人类赖以生存的自然环境条件与效用[129]。联合国千年生态系统评估项目（MEA）中对生态系统服务的定义是：人类从生态系统中获得的效益[130-131]。

一般而言，生态系统具有三种服务：一是向人类提供产品（林产品、水产品、药材等），二是调节、支持服务（调节区域气候、维持整个大气化学组分的平衡与稳定、吸收与降解污染物、保存生物进化所需要的丰富的物种与遗传资源等），三是社会服务（科研、文化教育、游憩等）[132-135]。

对人类社会和生态系统本身而言，生态系统服务具有 4 个基本特征：（1）自然生态系统与人类存在与否无关，而是独立客观存在着，也就是说它并不需要人类，但人类需要它们；（2）生态系统的服务起源于系统本身的物理和生态过程，而且与系统生态过程紧密地结合在一起；（3）自然生态系统不断进化，进化程中自然生态系统产生越来越丰富的内在功能；（4）自然生态系统是多种性能转换器，生态系统某一项服务可能是由两种或两种以上的系统功能共同产生的，也有可能是系统的某一功能参与了两种或两种以上的生态服务。

（二）生态系统服务价值

传统理念认为，价值是凝结在商品中的社会劳动的认可。生态系统服务是由生态系统产生的，并不是人类直接劳动的产品，因而不具有传统理念上的价值[128]。但是，生态系统服务价值是指生态系统通过直接或间接的方式为社会经济发展和人类生存提供的无形的或有形的资源的另一种形式的价值[136-137]。随着人类生存环境日益恶化和自然资源严重短缺，生态系统服务价值的概念越来越被人们理解和接收。

据生态系统服务价值理论，使用价值和非使用价值两大部分构成生态系统服务总价值。生态系统服务价值核算中关注的只是生态系统服务使用价值，并不一定核算非使用价值，因为非使用价值是某种生态系统服务独立存在，但与人类社会福利无关，而人们不愿或未被人们使用的价值。使用价值是指为了满足消费而使用的生态系统服务（包括有形的和无形的生态系统服务）价值，它又可分为直接、间接和选择使用价值。

直接使用价值又分为满足人类消耗性目的直接使用价值和非消耗性目的直接使用价值两部分。生态系统为人类提供淡水、纤维、材料等产品效益的生态系统服务价值属于人类消耗性目的直接使用价值，为人类在文化教育、旅游等方面提供了众多惠益的生态系统服务价值属于非消耗直接使用价值。

生态系统服务间接使用价值，主要体现在生态系统对人类生存环境起着调控和支撑作用的效益，主要包括维持大气碳氧平衡、调节气候、减轻自然灾害、净化污染物质、野生生物的栖息地、生物基因库等价值。

选择使用价值又称为潜在价值，在目前生态系统中未体现出来，但有可能是人们在将来利用某种生态服务时而体现的服务价值。这类效益包括例如将来可拉动社会经济产业发展，促进科学技术进步等服务生态系统价值。

（三）生态系统服务价值评价研究进展

20 世纪 90 年代以来，生态系统服务价值评估成为生态学研究中的热点。许多学者在生态系统服务价值评价的原理、技术与方法等方面进行了深入研究[128,138-139]。

1997 年，Costanza 等[37]估算出全球 16 个主要生态系统类型的 17 项生态系统服务总价值约为 33×10^{12} 美元/年。同年，Pimental 等[140]估算出全球生态系统的土壤形成和保持、污染物质去除、废物处理、碳氮元素固定等 18 个方面的年度经济价值为 2.9×10^{12} 美元/年。Woodward[141]等把湿地生态系统的 17 种服务归纳为 10 类，并给出了适用各类服务价值的评估方法，尤其提出了非市场价值评价的一个新方法——复合分析法。

Rosemary[142]等从理论角度分析了生态系统服务价值评估方法，并详细列出了湿地各项生态系统服务效益，及其每一项服务效益定量化评估方法。Mitsch[143]分别从种群尺度上（包括动植物资源等产生）、生态系统尺度上（防风减灾、洪水控制、水质改善、补充地下水、美学存在等）、生物圈尺度上（营养元素循环等）评估生态系统服务价值。此外，Sala 等评估了部分草地生态系统服务价值；Daily 和 Costanza 等选取控制侵蚀、保持沉积物等 9 种服务，评估了草地生态系统服务价值，并基于全球尺度估算了草地单位面积生态系统的服务平均价值。

这些研究非常有力地表明自然生态系统服务对人类福祉有着重要的贡献。尽管这些研究中有些方面值得商榷，但其研究本身开创了资源经济学的新纪元，不仅将生态系统服务价值估算的应用与研究推上新的台阶，更为生态资产评估奠定了坚实的基础。

随着国际上生态系统服务价值研究的日益深入，我国学者也进行了大量研究，在生态系统服务价值评估的理论、方法与应用，生态系统服务的概念辨析与评价等方面取得不少研究成果[144 - 147]。

陈仲新等以植被分布图作为基础数据源，采用 Costanza 等人的研究方法，按照我国面积比例估算出我国生态系统服务价值为 20×10^{12} 元[148]。毕晓丽等[149]利用国际地圈生物圈提供的土地利用/覆被数据，分别估算了我国各省、自治区生态系统服务价值。欧阳志云等[150 - 152]对中国陆地生态系统以及海南岛生态系统服务进行了价值评估。赵景柱等[153]比较了物质量和价值两种评估方法在评估生态系统服务上的优缺点，并认为两种评价方法在一定意义上是互为补充和互相促进的。谢高地等[154]在 Costanza 研究出的全球各类型生态系统单位价值基础上，通过 200 位相关领域研究学者问卷调查，依据我国的实际，利用生物量等因子校正，得到各类生态系统服务价值量，建立了我国陆地生态系统单位面积价格量表。王新华等[155]利用不同时期黑河流域 TM 影像解译数据，王宗明等[156]利用三江平原不同时期土地利用数据，分别评估了黑河流域和三江平原由于土地利用变化引起的生态资产价值变化。

我国一些学者对某些森林、草地、湿地等典型类型自然生态系统的服务价值进行了评估。在森林生态系统服务价值评估上，林业部门于 2000 年组织一批专家召开"森林综合效益计量评价研讨会"，2003 年估算出我国森林生态系统服务价值共计 13×10^{12} 元。

鲁绍伟[157]等利用全国 1993、1998、2003 年 3 次森林资源清查资料及 Costanza 等人的计算方法，估算了我国 1993、1998、2003 年森林生态系统八项服务功能的总价值。侯元兆等核算了我国的森林资源[158]。2008 年王兵等制定了《森林生态系统服务功能评估规范》（LY/1721 – 2008），利用全国第七次森林资源清查数据，采用分布式测算方法与 NPP 实测法，估算出国森林生态系统六项生态服务价值每年为 10.01×10^8 元[159]，并向全世界发布此数据，这是森林生态系统服务价值评估的最新成果。此外，余新晓等[160]、赵同谦等[161]也评价了中国森林生态系统服务价值。

我国一些学者也评估了草地生态系统的服务价值。陈仲新等[148]利用 Costanza 等人的草地生态系统单位面积平均价值，核算了我国草地生态系统的价值为 870×10^{12} 元。谢高地等[154]根据我国不同草地类型单位面积生物量指数，修正了 Costanza 等给出的单位面积草地生态系统服务价值，并由此估算出各个气候带以及全国天然草地生态系统每年的总服务价值。中国草地生态系统的固碳释氧、营养物质循环与贮存、有机物生产三种服务价值，刘起[162]评估的结果是 383×10^{12} 元。汪晓菲和康文星等[163]估算了若尔盖草地因沙化一年内损失的载畜量、吸存大气 CO_2 和释放 O_2 生态系统服务价值共计 12100×10^4 元，损失保留养分、储蓄水量和土壤储存有机碳生态系统服务价值共计 1328×10^8 元。闵庆文等[164]以及赵同谦等[165]对草原生态系统支持功能和生态调节等主要服务价值进行了评估。

我国众多学者开展了湿地生态系统服务价值评价研究。湖泊湿地生态系统服务价值评价估算上，鄱阳湖湿地生态系统服务价值被崔丽娟[166]评估的结果是 3.63×10^{10} 元/年，鄢帮有[167]得出的结果则为 1381×10^8 元/年。滇池湿地生态系统服务总价值经吕磊等[168]评估后得出 78.78×10^8 元/

年。徐伟平和康文星等[169]评估了 2010 年洞庭湖区湿地生态系统 18 项服务，其价值为 173×10^8 元/年。此外，还有学者对洪湖[170]、乌梁素海[171]和白洋淀[172]的湿地生态系统服务价值进行了评估研究。

还有一些学者评价了流域或行政区域湿地服务价值。陈仲新等[148]评估我国湿地生态系统价值为 26763.9 $\times 10^8$ 元/年。张晓云等[173]对若尔盖高原湿地区生态系统服务价值进行研究，其结果是 170×10^8 元/年。陈鹏[174]将厦门市湿地生态系统类型划分为河口水域、浅海水域、滩涂域等 9 个类型，评估得出厦门湿地各项生态系统服务价值为 135.54 $\times 10^8$ 元/年。江波等[175]在海河流域湿地生态系统提供服务的价值评估中，发现直接使用价值为 257.46 $\times 10^8$ 元/年，间接使用价值为 3866.20 $\times 10^8$ 元/年，总服务价值为 4123.66 $\times 10^8$ 元/年。崔丽娟[176]评估扎龙湿地生态系统服务价值为 1.56 $\times 10^{10}$ 元/年。何池[177]研究得出长白山自然保护区湿地的服务价值是 32.5 $\times 10^8$ 元/年。吴玲玲等[178]和辛琨等[179]分别评估了长江口和盘锦地区湿地生态系统的服务价值，它们分别为 40×10^8 元/年和 62.13 $\times 10^8$ 元/年。还有一些学者就湿地生态系统某一服务价值进行分析，如艾比湖湿地调节气候功能价值[180]、三江平原湿地土壤碳存储功能价值[181]等。

五、环境经济核算体系：中心框架（SEEA - 2012）

（一）《环境经济核算体系：中心框架（SEEA - 2012）》的主要内容

本研究要构建的综合绿色 GDP 核算体系框架，是建立在《环境经济核算体系：中心框架（SEEA - 2012）》基础上的，因此，有必要分析 SEEA - 2012 的结构和主要内容及其特征。SEEA - 2012 的主要内容有如下几大部分。

核算结构。本部分阐释了 SEEA - 2012 的关键组成部分和采用的核算办法［以国民账户体系的核算（SNA）办法为基础］，介绍了 SEEA - 2012 包含的账户和表格类型，阐明了经济单位的定义、存量和流量的核算以及记账和估价的原则，并强调 SEEA - 2012 的综合性，将分散的账户整合纳入同一核算架构内。

实物流量账户。本部分介绍了实物流量的记账方式，将经济与环境以及经济体系内部发生的实物流量，与 SNA 的产品定义一致，把它们分为自然投入、产品、残余物三类，并把这些不同类型的实物流量放在实物型供给使用表的结构中。根据实物流量的定义与分类可以勾画出经济和环境之间的实物流量关系图，能够集中计量一系列不同物质或特定流量。实物流量账户的供给使用表，是在 SNA – 2008 中的价值型供给使用表的基础上增加相关的行或列得到的。实物流量核算着重于三个子系统：能源、水和物质。核算的逻辑基础建立在供给使用恒等式和投入产出恒等式这两个恒等式上。

环境活动账户和相关流量。这部分重点在于确认国民账户体系内可被视为与环境有关的经济交易，概述了环境活动的类型（环境保护与资源管理两类），将环境活动提供的货物与服务分为专项服务、关联产品和适用货物三种，提供了环境货物与服务部门统计（EGSS）和环境保护支出账户（EPEA）两套信息编制方法。EPEA 由核心表加上三个子系统表（环境保护支出表、供给使用表、资金来源表）构成，从需求角度出发，核算经济单位为环境保护目的而发生的支出。EGSS 从供给角度出发，将环境货物与服务分为四类，尽可能详细地展示环境货物与服务的生产信息，提供了环境活动货物与服务产出、出口、增加值、就业、固定资本形成的主要指标。此外，本部分还涵盖了其他环境相关交易的范围，比如还有环境税、环境补贴和类似转移，以及一系列与环境有关的其他偿付和交易、环境相关活动中所使用固定资产等。

资产账户。这部分阐述了环境资产的核算。地球上自然存在的生物和非生物成分共同构成生物 – 物理环境，为人类提供福利。环境资源不仅能为人类提供福利资源（从实物角度而言），而且具有经济价值（从价值角度而言）。资产核算除设有实物型资产账户，还设有价值型资产账户。实物型资产账户要记录期初开始资产存量、中间时段增减变动的资产量以及期末资产存量。价值型资产账户还增加了"重估价"项目，以便用来核算期内因价格变动而发生的环境资产价值的变化。资产账户的动态平衡关系如下：期初资产存量 + 存量增加 – 存量减少 + 重估价 = 期末资产存量。该部分对编制资产账户的环境资产耗减计量和环境资产估价的两个关键方面进行重点解释，即对非再生自然资源的耗减量等于资源开采量，可再生自然资源耗减时必须同时考虑资源的开采和再生，因此其耗减量并不等于开采量。讨论了环境资产的估价方法，特别是对净价值法进行了详细解释。该部分还对各种资产的分类与测度范围、两种类型资产账户的结构以及其他相关概念和测度问题进行了详细说明。

最后部分为账户的整合与列报，重点阐述了 SEEA-2012 的综合性质，并将资产账户、实物流量账户、环境活动账户、资产价值产账户通过用户列报信息联系起来。本部分对实物和货币数据的合并列报方式进行了重点解释，而且介绍了基于环境经济核算体系中心框架的数据集编制的不同类型指标。

（二）环境经济核算体系：中心框架（SEEA-2012）的主要特点

《环境经济核算体系：中心框架（SEEA-2012）》是一个涉及环境资产的存量和存量变化，涵盖经济与环境之间相互作用的多用途框架，而且它也是一个统计框架，它将与经济有关的环境活动货物存量和流量及服务，环境资源存量和流量信息编制并整合在一系列表格和账户中，并使分析和研究一致且具有可比性，可用于政策制定。

《环境经济核算体系：中心框架（SEEA-2012）》涵盖了三个主要领域的计量：（1）环境资产存量和这些存量的变化；（2）经济与环境之间和经济体内部的物质和能源实物流量；（3）与环境有关的经济活动和交易（如使用环境资产的许可证和执照）。它另一个特点是将存量、流量和经济单位的定义和分类一致，应用于不同类型的环境资产（如可再生资源和不可再生资源）和不同的环境层面（自然环境和人文社会环境）。

《环境经济核算体系：中心框架（SEEA-2012）》涉及了经济和环境多个学科，提供了一个跨学科方法的计量方法，对经济和环境信息进行整合，把有关矿物和能源、生物资源、非生物资源和土地资产，废弃和污染物，生产、消费和积累等，以及环境和经济的多个不同方面置于一个计量背景内，而且为每个领域指定一种具体而详细的计量办法。在环境经济核算体系中心框架内这些办法得以整合，体现了全面统筹的观念。

《环境经济核算体系：中心框架（SEEA-2012）》作为一项国际标准，在 2012 年 3 月联合国统计委员会第 43 届会议上被通过。其目的是依据不同的政策背景、数据可得性和国家的统计能力情况，为国家统计系统提供具有国际标准，又有灵活性的模块式的实施方法。也就说，实施时可考虑到本国环境最重要的那些方面，灵活地采用模块，并不要求为所有环境资产或者环境主题都编制表格和账户。这种以共同计量标准编写的国家环境经济结构框架，可以进行国与国之间横向比较，并能提供全球关切问题的信息。

与 SEEA－2003 比较，SEEA－2012 在对实物流量的描述与界定、环境资产的测算方法和范围、环境活动和相关交易的认定等方面都有了显著的变化。虽然，人工培育的生物资源（如人工林）以及自然生态系统的服务功能（价值）并不属于 SEEA－2012 界定的自然资源范畴，但建立了试验性生态系统账户，并对这些问题及相关材料进行了讨论[19－25]。

《环境经济核算体系：中心框架（SEEA－2012）》建立了国际统一的统计标准，对促进和规范国际范围内的绿色国民经济核算发挥了巨大作用。今后，我国的资源环境核算应参照 SEEA－2012 的国际统计标准，借鉴已有的资源环境核算方面的经验，构建起我国资源环境核算框架，逐步开展环境资产价值量核算，查清我国环境资产，为国家的宏观决策提供参考依据。

第五节　解决的关键科学问题、技术路线和研究的主要内容

一、解决的关键科学问题

通过对国内外相关文献的查阅读，对目前世界上有关该研究领域的前沿热点有较系统的了解。本著作拟解决如下问题。

第一，科学问题。本著作以《环境经济核算体系：中心框架（SEEA－2012）》和中国绿色国民经济核算体系为基础，增加生态系统账户，构建综合绿色 GDP 核算体系。

第二，本著作将经济和环境信息进行整合，把资源消耗、环境损害和生态效益等多个不同方面置于一个计量背景内，进行综合绿色 GDP 核算。目的在于能客观地、真实地体现资源、环境在经济社会发展过程中的贡献。

第三，以湖南省 2004—2013 年的经济发展情况以及数据进行综合绿色 GDP 核算为例，围绕如何有效地反映经济发展与环境资源之间的相互关系，如何正确体现在国民经济核算体系下环境资源价值这一核心问题展开

深入研究，并提出相应对策，为可持续发展提供科学管理决策依据。

二、研究的技术路线

研究的技术路线见图 1 −1。

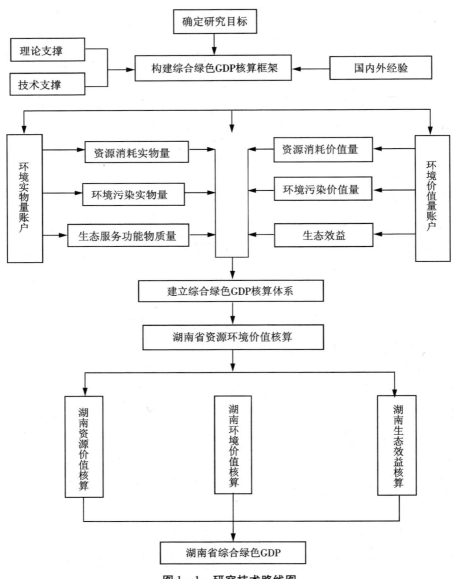

图 1 − 1　研究技术路线图

三、研究的主要内容

本著作研究内容由八部分组成，主要围绕综合绿色 GDP 核算体系构与应用这一主题展开。其中包括：

第一部分为绪论。主要介绍本著作的研究背景、研究目的、研究意义、文献综述和研究技术路线；全面、系统地综述国内外有关环境经济核算体系框架的构建，绿色 GDP 核算体系建立研究的理论、主要观点和相关成果；为本著作的研究奠定厚实的基础。

第二部分是综合绿色 GDP 体系构建。主要提出了构建综合绿色 GDP 核算体系原则；分析了支撑综合绿色 GDP 核算的理论基础，建立综合绿色 GDP 核算体系的技术基础；提出了绿色 GDP 核算体系的主要内容，最后建立了综合绿色 GDP 核算体系框架。

第三部分建立了综合绿色 GDP 核算账户。介绍了综合绿色 GDP 核算账户包含的账户和表格类型，阐明了经济单位的定义、存量和流量的核算以及记账和估价的原则，提出了环境资源核算调整为综合绿色 GDP 的转换与连接方法。

第四部分提出了环境资源价值核算方法。主要提出了环境资源价值核算的基本原则，对各种自然资源的估价，环境价值（环境退化成本和环境损害成本）、自然生态系统服务价值的具体评估方法进行了评述。

第五部分构建了湖南省资源资产价值量核算账户、湖南省环境损失核算账户、湖南省自然生态系统生态服务效益核算账户，对湖南省 2004—2013 年的与经济生产有关，但没有纳入现行的国民经济核算体系的自然资源量及其货币价值、环境损失价值、自然生态系统（森林、湿地和草地）生态服务效益进行核算。

第六部分将湖南省资源资产价值量核算账户、湖南省环境损失核算账户、湖南省自然生态系统生态服务效益核算账户进行调整，调整为绿色 GDP 和综合绿色 GDP 核算体系。核算了湖南省 2004—2013 年的绿色 GDP 和综合绿色 GDP。分析了 GDP、绿色 GDP 和综合绿色 GDP 之间的关系及各自的年变化规律，以及产生年变化规律的原因，并提出了相应的对策。

第七部分是基于能值分析法核算的绿色 GDP 专题研究，包括怀化市 2003—2006 年绿色 GDP 核算数据和湖南省农业生态系统能值分析法核算的 GDP 实证分析。

第八部分是本著作的结论和创新点，并就今后进行与此有关的研究提出一些建设性的建议，展望今后研究的主要方向。

第 2 章　综合绿色 GDP 体系的构建

第一节　综合绿色 GDP 概念与内涵

在《环境经济核算体系：中心框架（SEEA – 2012）》中，该框架提出了建立试验性生态系统账户。这就意味着在条件成熟情况下应把生态系统服务效益也纳入环境经济核算体系中。实际上自然生态系统支撑着人类生存（包括人类社会的经济活动），为人类提供多种福利。这些也属于社会拥有的财富。目前的绿色 GDP 核算考虑了经济发展对环境损害和资源消耗的价值量，把经济活动和与之相关的环境活动有机联系起来，但没有把生态系统的服务价值纳入核算。因此，绿色 GDP 还不能客观地、公正地、真实地反映一个国家的整体经济、规模、经济总量和生产总能力。这从侧面反映出绿色 GDP 核算体系的不足。

综合绿色 GDP 是对绿色 GDP 的延伸，不仅扣除了自然资源和环境消耗部分，而且把自然生态系统也纳入经济核算体系，不但反映了社会经济活动对环境与资源的利用动态，而且反映自然生态系统直接对人类提供的福祉和为经济活动提供的服务价值。因此，综合绿色 GDP 更能反映社会生产过程的经济活动的质量，能更科学地衡量一个国家（地区）的真实发展和进步。综合绿色 GDP 核算公式表述为：综合绿色 GDP = 传统 GDP – 自然资源的耗减成本 – 环境损失成本 + 生态服务效益。

第二节 综合绿色 GDP 核算体系构建原则

一、科学性原则

综合绿色 GDP 核算体系要求能客观、真实、公平、公正地反映 GDP，因此必须建立在科学的基础上。构建综合绿色 GDP 核算体系时假设和界定要合理，其体系结构清晰、分类正确。统计方法要求规范，测算方法合理，确保测算结果不仅能反映社会经济活动对环境与资源的利用动态，而且也能反映自然生态系统对人类提供的福祉和为经济活动提供的服务价值。

二、与中国现有国民经济核算相衔接原则

国民经济核算体系（SNA）包含了诸如国民总收入（GNI）、国内生产总值（GDP）、国民收入（NI）和社会总产出等核算体系。综合绿色 GDP 核算体系只是国民经济核算体系的附属账户，因此，综合绿色 GDP 核算体系应尽可能与中国现有的国民经济核算的基本原则、规范及其重要核算指标相衔接。资源消耗、环境损害的实物量及成本、生态效益成本核算要与国家行业标准规范相衔接，指标统计、核算方法需相对保持一致。

三、与国际接轨原则

SEEA－2012 为国民经济核算提供了国际统一的统计标准，将成为各国国民经济核算所遵循的方法制度。因此，在适合中国国情，保持中国现有的统计和核算的基础上，要尽可能地参照 SEEA－2012 的国际统计标准，借鉴国际上已有的资源环境核算方面的成功经验，构建起我国综合绿色 GDP 核算体系。这样我国才能与世界上其他国家（地区）间的经济状况进行横向比较，才能更有效地向国际提供相关信息。

四、资源、环境和生态服务核算并重原则

综合绿色 GDP 核算体系涵盖了三个主要领域的统计：（1）经济生产

过程中的资源量的变化量；（2）与经济活动有关的环境质量变化量；（3）生态系统服务价值。因此，综合绿色 GDP 核算体系应遵守资源、环境和生态服务核算并重原则。综合绿色 GDP 核算体系框架中既要体现资源消耗，又要包含经济发展对环境生态的损害，还要包含由于自然生态系统产生的服务对经济发展的贡献。

五、理论型框架和实用型框架相结合原则

SEEA－2012 是建立在可持续发展理论、环境价值论、生态经济学理论的基础上的。因此，综合绿色 GDP 核算体系是一个新的理论概念。在构建综合绿色 GDP 核算体系时应借鉴国际先进的研究成果，根据中国国情逐步形成适应中国特点的理论框架。综合绿色 GDP 核算体系涉及面宽，实际操作难度较大。在构建过程中，应根据资料的易得性和现阶段的实际需要，建立综合绿色 GDP 核算的实用性框架。指标核算中尽量采用大家较易接受的技术和方法，以利于综合绿色 GDP 核算的推行。

六、有利于各级政府进行科学决策原则

综合绿色 GDP 把资源、环境以及生态系统服务纳入核算体系，这就要求当地政府在制定政策的时候不只是注重传统 GDP 的增长，而应该把经济增长与环境保护、资源节约、社会可持续发展放在一起综合考核和统筹规划。构建的综合绿色 GDP 体系中应能科学地、准确地反映出地方各项环境资产的存量价值和流量价值，以及环境价值的总量及动态数据。这样有利于地方政府对经济生产和环境的状态及变动情况更准确地掌握，有利于地方政府合理地制定相关经济生产和环境政策，从而实现当地的社会、经济、环境可持续发展。

第三节　综合绿色 GDP 核算的理论基础

一、可持续发展理论

可持续发展的概念首先出现在《我们共同的未来》（1987 年世界环境

与发展委员会报告）中，在 1992 年联合国环境与发展大会上通过的《21世纪议程》将可持续发展正式上升为全球战略。

可持续发展理论包括环境保护、生态建设、循环经济、文明进步与社会和谐等五个方面的主要内容。其中，环境保护、生态建设、循环经济意在构建"人与自然和谐"，属于技术层面；社会和谐意在促进"人与人和谐"社会环境的形成，属于制度层面；而文明进步重在促进"人与自身和谐"观念的建立，属于精神文化层面，最终实现社会 - 经济 - 自然的和谐与可持续发展[186-188]。

自然资源、生态环境是人类经济与社会发展的自然基础。如果我们只强调经济的高速增长，全然不顾资源的损耗和环境的伤害，快速膨胀的经济与社会日益增长的需求迟早会使资源耗尽，环境遭遇到毁灭性破坏。可持续发展从转变人类经济和价值观念的角度入手，通过资源高效利用和减少经济发展对环境的破坏来实现。也就是说在注重经济增长的数量的同时，更注重追求经济发展的质量，逐渐形成资源综合利用、污染排放减量、清洁生产、转变传统的以"高投入、高消耗、高污染"为特点的生产方式。这样才能突破当前全球经济与社会发展面临的资源与环境瓶颈，实现真正意义上的可持续发展。可持续发展理论与传统理论的区别在于，该理论为社会与经济的发展设定了生态环境与自然资源的边界，在协调统一环境保护、资源利用、生态建设、制度革新、经济与技术转型等方面的基础上，建立经济可持续发展的模式。这也是人类社会经济可持续发展的必然选择。

综合绿色 GDP 核算建立在可持续发展的基础上，因为它能反映经济活动对资源环境的利用和对环境受损补偿，而且也能反映自然生态系统为人类生存所提供服务价值，进一步完善了现行国民经济核算。

二、国民经济核算理论

国民经济核算体系是 20 世纪西方经济学最伟大的发明之一。国民经济核算的产生与西方宏观经济学的发展有着不可分割的密切联系，因此，国民经济核算的理论是建立在宏观经济理论的基础上的。此外，国民经济核算提供了一整套核算国民经济活动的指标体系，又为宏观经济学的运用铺平了道路。国民经济核算统计指标体系是以社会再生产理论和市场经济理论为依据的。综合绿色 GDP 核算是国民经济核算体系的组成部分，因此，国民经济核算理论也就是综合绿色 GDP 核算的理论基础。

国民经济核算遵循两个原则。（1）市场原则：即从市场出发考虑市场活动和过程，确定国民经济核算范围、分类、账户划分等方面。（2）所有权原则：资产和负债是进行生产活动获取经济利益的根本条件。在市场经济活动中，它必须表现为机构部门或单位的所有权，才可能在生产经营等经济活动中产生决定性作用。国民经济核算把资产界定为机构部门或机构单位能够行使所有权的统计范围，资产与负债相对应。国民经济核算原则是国民经济核算基本理论的组成部分，它对国民经济核算体系的设计、范围确定、核算的系统一致性等具有直接的指导或决定作用。综合绿色 GDP 核算也必须遵守国民经济核算的基本原则。

国民经济核算就是以整个国民经济为总体的全面核算，它以一定经济理论为指导，综合应用统计核算、业务核算、会计核算，从金融资产、实物资产、物质产品和劳务等各个角度，以各种存量和流量的形式进行测定，把能反映整个国民经济状况的各种重要指标组成一个系统来综合描述一国（或地区）国民经济的发展状况。综合绿色 GDP 核算也必须这样进行。

国民经济账户体系指描述国民经济运行过程一系列账户的整体。国民经济账户体系主要是在部门和宏观总量两个层次上。机构部门账户是按经济活动的生产、积累、分配、消费和资产负债存量设置账户，各账户之间通过平衡项相联系。产业部门账户从内容上讲主要是投入产出表，主要描述生产及市场供给和需求的产品（含服务）。国民经济综合账户包括国民经济合并整体的总量账户和五大机构部门，即金融机构、非金融企业、政府、居民、国外的综合账户。国民经济核算的主要内容由五个子体系组成，即国内生产总值核算、投入产出核算、资金流量核算、国际收支核算和资产负债核算。作为国民经济核算体系的附属环境卫星账户的综合绿色 GDP 核算，必须借助国民经济核算中投入产出表，将资源消耗、环境损害和生态效益纳入其核算体系，从实物量上全面描述经济活动与资源耗减、污染物排放和生态系统服务物质量的关系[189-193]。

三、能值理论

现行的绿色 GDP 核算方法没有考虑系统环境资源的功能，其核算出的结论也不具可比性。当系统中的产品价格体系不完善时，其核算结果不能对不同区域间或不同产品间的经济效益进行合理的比较评价。能值理论设计了一套反映农业生态与经济效益的能值指标体系，包括能值转换率、能值投入率、能值产出率、环境负载率、能值密度和能值可持续发展指数等，为区域绿色 GDP 可持续性评价提供理论与方法。能值分析理论于 20 世纪 80 年代由美国著名生态学家 H. T. Odum 为首创立。该理论有利于正确分析人类与自然、社会经济与环境资源的价值和相互关系，有助于全球可持续发展战略的实施。该理论融生态系统与人类社会经济系统于一体，克服了单纯着眼于生态或经济分析的弊端，对自然环境和人类劳动的真实价值进行统一的计量与分析，为人类认识世界，尤其是对区域可持续发展研究提供了一个具明显优势的理论与方法。本著作正基于这一理论对湖南省绿色 GDP 经济、资源和环境等方面的可持续性进行了一些研究。

（一）能值理论的基本概念

GDP 是一定时期内一个国家或地区经济生产出的全部最终产品和劳务的市场价值总和，是衡量一个国家或地区经济总产出及发展水平的重要指标。但是传统 GDP 只反映了经济总量的增长，而没有考虑经济增长对环境和资源的负面影响，因而不能反映经济发展的质量。绿色 GDP 是扣除经济活动中投入的资源耗减和环境损失后的国内生产总值。目前学术界很多采用净租金法、Serafy 法以及现值法等来计算绿色 GDP，但是这些方法都是从经济学的角度，它们只能计算具有市场价格的环境资源资产，如林木、石油等，而一些具有非市场价值的环境资源，如空气、水等，却未被纳入核算指标，因为这些资产所提供的服务尚无可计量的货币价格。能值理论解决了这些难题。

美国生态学家 H. T. Odum 将能值定义为：一流动或储存的能量中所包含另一种类别能量的数量，即该能量的能值。通过能值转换率这一度量标准，将生态经济系统内流动和储存的各种不同类别的能量物质转换为同一标准的能值，进行定量分析。这是第一次将经济流、能量流和信息流的内在关系联系在一起。能流的特质基础是物质，这样各种生态系列的各个功能过程就不再孤立了。

在 20 世纪 80 年后期到 90 年代，H. T. Odum 又创立能值新概念，以及太阳能值转换率等一系列概念。从能量、"包被能" 发展到 "能值"，从能量分析研究发展到能值分析研究，无论从理论还是方法上，都是一个重大的突破。

以往环境经济学家对系统生态效应功能效应的价值评价，是以替代成本或支付意愿以货币为度量进行评价的。然而，价值观和价值评价出发点以及社会经济发展的格局不同，都有可能对某一个具体的生态系统或经济系统的评价结果不一样。能值理论以生成某一能量或物质的过程中所直接或间接消耗的太阳能的量为价值的度量标准，是成本价值和支付意愿等价值论的经济学的表达，因此，能值价值方法以能值为度量来分析成本价值和使用价值，进行各类复合系统的生态经济评价。

能值分析是指用太阳能值（solar energy joules）来衡量某一能值的大小。在形成某一资源、产品或劳务过程中，直接或间接消耗的太阳能，就是这种资源、产品或劳务形式所具有的太阳能值，单位为太阳能焦耳（sej）。能值为复合生态系统的各种不同种类、不同形式、不同质量、不可比较的能量（能量流、物质流、经济流和信息流）提供了一个可以衡量和度量的共同尺度和标准。能值分析方法就是从能值理论的角度出发，把自然、社会和经济等子系统统一起来，以太阳能值为度量，分析自然和人类社会经济系统、资源与环境的真实价值及它们之间的相互关系。

Odum 在他独创性的系统生态学、生态系统能量学和生态经济学研究中创立了能值理论方法，强烈地震撼了国际生态学界和经济学界。能值被认为是联系生态学和经济学的桥梁，具有重大科学意义。在理论上，能值分析为生态系统的研究创建了定量分析研究的新方法，提供了一个衡量和比较各种能量的共同尺度，找到了生态系统各种生态流进行综合分析的统一标准。在实际意义上，应用能值可以衡量分析整个自然和人类社会经济系统，定量分析经济活动与自然资源环境的真实价值和它们之间的关系，并且有助于调整经济发展与生态环境的相互协调关系，对自然资源的价值的真实评估、合理利用、社会经济发展方针的制定以及可持续发展战略的实施均具有重要意义。

由于能值理论作为一种有效的价值度量尺度，向生态经济学领域渗透，它与能量语言（能量分析系统图）及系统分析方法相结合，可以作为生态经济系统分析和环境核算的共同尺度。因此，能值分析可以广泛运用于不同尺度的生态经济系统分析、模拟，生态经济开发项目的评估及资源、环境管理的研究，经济可持续发展的措施实施和政策的制定，国际贸易的评估等。

（二） 能值理论的基本原理

能值是 Odum 独创的一个新的科学概念和度量标准。能值是指流动或贮存的能量中所包含的另一类别能量的数量。能值法主要涉及以下几个基本原理：

1. 能值

解释为产品或劳务形成过程中，直接和间接投入应用的一种有效能量（available energy），就是其所具有的能量值 ，能值的实质就是包含的能量。自然界的一切资源和人类创造的所有财富中的能量都直接或间接地来源于太阳能。因此，可以用太阳能值为基准来度量各种能量的能值大小，其单位为太阳能焦耳（solar emjoules，即 sej）。任何资源、产品或劳务形成所需直接与间接应用的太阳能的量，就是该资源、产品或劳务形式所具有的太阳能值。

能值理论和分析方法解决了能量分析中"能量壁垒"的难题，把那些原本难以统一度量的各种经济生态系统和复合生态系统的各种物流、信息流、货币流、能流、生态流与其他生态系统进行比较和分析。从能值的概念出发，无论是产品、劳务，还是可更新资源、不可更新资源，甚至是科学技术、教育和信息都可以用能值来评估其价值。例如，1 g 氮肥的太阳能值为 3.8×10^6 sej，1g 雨水的太阳能值为 7.5×10^4 sej，而 1 g 铁矿石的太阳能值为 8.6×10^8 sej，1 个高中生 1 年所受教育的太阳能值为 24.6×10^6 sej，1 个研究生 1 年所有教育的太阳能值为 343×10^6 sej。

能值分析是以能值为基准，把不同种类、不同能质、不可比较的能量转换成同标准的能值来衡量和进行比较分析，对系统的各种生态流和经济流进行能值分析、整合和定量评价，并建立一系列反映系统动态、效率和生态系统特征的能值综合体系。

2. 能值转换率

能值转换率是一个重要的概念，它是衡量能量的能质等级的指标。它是从生态系统食物链和热力学原理引申出来的。能量在食物链中传递、转化的每一过程中，根据热力学第二定律均有许多耗散、流失。自然界和人类社会的系统均具有能量等级关系，能量传递与转化类似食物链特征。例如，在太阳能—木材—煤类—电的能量传递中，1 J（焦耳）木材相当于34900 sej，1 J 煤类能相当于 39800 sej，1 J 电能相当于 15900 sej。所以生态系统和经济生态系统的能流从量多而质低的等级（如太阳能）向量少而质高的等级（如电能）流动和转化，能值的转换率也随着能量的等级的提高而增加。大量低质能的能量，如太阳能、风能、雨能经过传递、转化而成为少量高能质、高等级的能量。系统中较高等级者具有较大的能值转换率，需要大量低能质能量来维持，具有较高能质和较高控制力，在系统中扮演中心功能作用。复杂的生命，人类的劳动、高科技等均属于高质能、高转换率的能量。能值转换率越高的能量，其能质和能级也就越高。因此，能值转换率是衡量能质和能级的尺度。

某种物质、能量或劳务的太阳能值，可以通过太阳能值转换率求算而获得。自然界和人类社会主要能量类型的太阳能转换率，已由 Odum 及其合作者们从地球系统和生态经济系统角度进行了换算。其研究的结果已广泛应用于大系统（如国家、区域、农业、工业和城市系统）的能值分析。

3. 能值/货币比率

在自然–社会–经济这个复合生态系统中，有一些生态流并没有贯穿于这个复合生态系统的各个子系统，也不宜用能值转换率进行转换而度量它的能值大小，例如，货币只在经济这个子系统中流通，但货币并没有在自然子系统中流通。对于这些不宜用能值转换率进行转换度量的生态流，能值分析法采用能值/货币比率推算出其能值后，再进行能值统一分析。

能值/货币比率其定义为当年该国家（或地区）全年应用能值与该国（或地区）国民生产总值之比。能值/货币比率反映了应用能值与国民生产总值的比例关系，其比值大小，反映了货币购买力的高低。能值/货币比率越高，意味着单位货币所换取的能值财富越多，显示出生产过程中使用的自然资源所占的比重较大；反之，能值/货币比率越低的国家，其自然资源对经济增长的贡献较少，说明该国（或地区）经济生产、科学技术贡献较大，地区开发的程度也较高。能值/货币比率可视为衡量货币真正流通的购买力和劳动力实际能力的标准。已知货币量，可用能值/货币比率可换算其相当的能值；反之，已知能值量亦可通过能值/货币比率求算出其所相当的能量货币价值。这就解决了在分析评价和应用中自然环境与经济社会对接的难题。

4. 能值货币价值

能值货币价值（Emergy Dollars）是指将生态系统或经济生态系统的物质和能量的能值折算成货币，也称为宏观经济价值。其折算方法就是某一能值除以当年的能值/货币比率，其结果就是这种能值的货币价值。能值货币价值反映某一产品的实际价值，包括凝结在产品中人类劳动和环境资源的价值。市场价格随着市场运行的情况而经常波动，若某一物资相当丰富，供大于求，该物资市场价格可能会降低；若某种物资市场非常少，这种物资的市场价格可能会很高。因此，市场价格只反映产品的稀缺性。

四、自然生态系统的服务价值理论

地球生物圈是一种复杂的生命支持系统，人类生存与发展所需要的资源归根结底都来源于地球生物圈的自然生态系统。自然生态系统给人类直接提供食品、水、氧气、木材、纤维等各种原料或产品，还向人类提供更多的非实物型的生态服务，维持着人类赖以生存的自然环境条件及效用，例如在大尺度上具有调节气候、涵养水源、防风固沙、保持水土、净化污染、减轻灾害、保护生物多样性、净化空气和水、形成和更新土壤及其肥力、满足人类审美和益智的需求、支撑人类的多样性文化等服务[194-195]。生态系统服务包括向人类提供生活必需的产品和保证人类生活质量的生态功能两大方面，代表着人类直接或间接从生态系统获得利益。可见，生态系统服务包括来自自然资本的物流、信息流和能流，它们与人力资本和人造资本结合在一起产生人类的福利[196]。这些福利有着巨大的经济价值。

自然生态系统中物质循环是通过自组织、自调节实现的，其循环不但不需要成本，而且还可以为人类持续不断地提供可再生资源、污染净化、文化审美等服务，是典型的"高效"和"无废"循环。有资料表明，在现代社会条件下，完全依靠人工手段生产食物、净化空气和水、降解排泄物等，每人每年生活所需高达 15000 美元，依靠生态系统的自然生产力每人每年生活所需可以少至 100 美元[197]。

自然系统的某些具体功能如土壤修复、污水净化等可以人工替代，但是，由于生物圈 2 号实验失败的教训，至少到目前为止，众多学者认为，在规模尺度上，生态服务并不能由技术轻易地取代，自然系统仍然没有被人工替代的可能。自然系统和经济系统都属于人类复合生态系统的子系统，但经济系统与自然系统有着完全不同的功能和性质。经济系统无法替代生物、地质、水体、大气等自然系统的循环和再生功能，但是，经济系统可以借助于人类生产体系，实现对自然系统如金属等某些非更新资源的回收和循环利用，减轻社会经济发展过程中对生态环境的破坏。另一方面，自然系统虽然对如金属等某些非更新资源无法进行回收和循环利用，但可以借助大规模的生物、地质、水体、大气等自然循环，为社会经济发展提供可更新资源，以及良好的生态条件。

由于生态系统提供的非实物型服务并没有通过市场操作，其经济价值并不能通过商业市场反映出来，因而其价值往往被人类忽视。这就导致了人类在经济活动过程中对自然资源开发利用的短期行为，使自然生态系统遭受严重破坏，最终导致生态系统的服务功能受损，减少了生态系统向人类提供的福利，直接威胁到人类可持续发展的生态基础。

生态系统的生态服务具有外部性和无偿性，因此很难正确评估生态系统的服务价值，而且，由于生态系统服务的多面性，也就决定了生态系统服务具有多价值性。近十几年来，众多学者在生态系统的服务价值的定价上进行大量研究。Turner[198]、Mc – Neely[199]、Pearce[200 – 201]、Barbier[202] 的研究，以及经济合作与发展组织（OECD）的环境资产的经济价值分类[203]，联合国环境规划署（UNEP）的生物多样性价值划分[204]，为与生态系统服务价值分类理论研究奠定了基础。

生态系统服务的总经济价值由利用价值和非利用价值两部分组成。利用价值包括直接利用价值（生态系统直接提供的实物和直接生态服务价值）、间接利用价值（即间接生态服务价值）和选择价值（又称之为潜在利用价值，与利用价值有关的一种价值类型。也就是说选择价值是在目前生态系统中未体现出来，但将来可能利用的某种服务价值。例如，改善投资环境、拉动社会经济产业发展、将来开展旅游业等价值。选择价值就像保险箱一样为并不确定的将来提供保证，但有可能人们将来利用某种生态服务时，而意愿支付的费用价值）。非利用价值包括存在价值和遗产价值[205]。

对于生态系统服务的直接利用、间接利用和选择价值，人们不再存有疑义，但对而非利用价值争议较大，原因在于存在价值是对生态环境资本的评价，而不论其他人是否受益，这种评价与现在或将来无关，是独立于人们对某种生态系统服务的价值。而且存在价值、遗产价值和选择价值之间可能有一定的价值重叠。某些环境学家支持纯自然概念的存在价值，这种观点导致了自然资产"权利"与"利用"取向的争论。环境学家认为自然资本有其自身存在的"权利"，存在价值是与人类的利用无关的价值形态，但从事资源和环境经济学的研究工作者，绝大多数都承认有非使用价值，认为在某种情形中忽视了这种价值的计算，就会在生态系统的管理决策中导致严重的失误（后文有详细分析）。

五、自然资源和环境的价值理论

自然资源和环境是人类生存、享受和发展的各种人工改造的和天然的自然因素的总和。亚当·斯密（西方经济学创始人）在其《国富论》中有意无意地把自然资源、环境等视为自然资本。既然是自然资本就必然有价值。在自然资源价值理论的研究上，众多学者认为自然资源、环境价值的大小，主要受自然资源和环境的有用性、有益性、稀缺性、占有度、需求度等五个因素的影响，但不同的思路和定价模型，得出的价值理论是不同的。从经济学的角度上分析，资源环境定价的价值理论主要有效用价值论、劳动价值论、存在价值论等。但这 3 种价值论各有自己的理论体系，并没有完全统一。

（一）基于劳动价值论的资源环境价值

劳动价值理论是在马克思的劳动价值论基础上建立起来的。马克思劳动价值论观点认为：只有凝结有人类劳动的产品才有价值，没有凝结着人类的劳动产品不具有价值。自然资源是自然界赋予的天然产物，没有凝结着人类的劳动，因而它没有价值。虽然，马克思并不否定不是劳动产品是没有价值的东西，但他并没肯定不是劳动产品就不可以有价格，就不能取得商品形式。马克思指出，"例如良心、名誉等，也可以被它们的所有者拿去交换货币，并通过它们的价格，取得商品的形态。所以，一种东西尽管没有价值，但能在形式上有一个价格"[206]。在这里马克思明晰地论述了，对非商品物品来说若被其所占有者用以换取货币，也就使其在商品的形式上有一个价格。这种理论也适用自然资源的定价研究。同时地租理论也是自然资源具有价值的主要理论根据。

（二）基于效用价值论的资源环境价值

效用价值论是从人对物品效用的主观心理，或物品满足人的欲望能力的评价角度，来解释价值及其形成过程的经济理论。自然资源是人类生产和生活不可缺少的，无疑对人类具有巨大的效用，因此，运用效用价值理论很容易得出自然资源具有价值的结论。自然资源不仅具有内在的物质性效用，而且还具有外在的稀缺性或有限性，这些构成了赋予自然资源价格的必要且充分的条件，由此成为对自然资源进行定价的准则和原理。效用价值论的科学之处在于，它是从人与物的关系中抽象出来的，是依赖人对物的判断和主观评价去解释交换价值。

虽然通过人对物的判断和主观评估能得出自然资源具有价值，但效用价值论存在两个大的问题。（1）效用本身是一种主观心理因素，而定价值的尺度是效用，这就无法从数量上精确地加以计量。解决价值大小首先是对效用大小计量，在市场发育不完全的情况下，很难客观地、公正地对效用计量。（2）效用价值论是用对当代人的使用价值大小来衡量资源的价值，也就是说把当代人的价值无限延伸到以后世代。这在伦理上，无法解决长远或代与代之间资源利用问题；在经济价值核算上，由于人类的短视或对未来社会发展的难以预测，可能会低估现时没有或只有很小效用的资源（如珍稀物种等）的价值。

（三）基于存在价值论的资源环境价值

依照资源和环境效用性，它与生态系统服务价值分为使用价值和非使用价值（也称存在价值）一样，也可将它们的价值分成使用价值和非使用价值。非使用价值与人类经济上是否受益无关，但与人类对自然爱和依恋的感情紧密相连，如能满足人类精神文化和道德需求的美学价值等。无论是效用价值论还是劳动价值论，对于不具有使用价值的物品都不承认它有价值。但是，由于优美的自然环境的存在给人一种赏心悦目的感觉，虽然人类在经济上没有受益，但这种满足感也是福利水平。既然能给人类带来福利，那么它就应具有价值。1967 年 J. V. krutill 认为存在价值（非使用价值）不一定是作为主动的消费者而是以价格歧视的垄断所有者身份，对不可替代的自然环境的存在进行价值评价[207]。一些学者把存在价值归结为三种动机，即期权、同情及未来可用的遗传信息。Brookshire 等认为存在价值的动机隐含着道德伦理观念，并归结为一种反偏好选择。基于环境伦理的反偏好选择超出了成本 - 效益分析的效率规范，即个体的最大愿望支付可能大于其经济价值，但不能在经济效益中得到准确的表述[208－209]。

由此可见，存在价值或非使用价值理论还并没有完善，是基于人的行为进行价值的估量，而且在计算资源环境的存在价值时也没有一个客观的价值标准，因此，在估算资源的存在价值时需格外慎重。

第四节　综合绿色 GDP 核算体系建立的技术基础

一、国外环境经济核算体系的成功经验

尽管菲律宾的环境与经济综合核算体系的应用只局限于林业、渔业和采矿业的资源账户编制，但是在 3 个方面值得借鉴：（1）对资源账户消耗量进行了计量；（2）部分地调整了国内生产净值，即在国内生产净值中有部分经过环境资源调整；（3）改变了传统的经济资产净积累的统计，也就是说经济资产净积累不仅包括了生产性资产（来自于传统的国民账户），还包括了非生产性资产（来自渔业、森林及矿物资源的估计）[210]。

德国构建的环境经济核算体系由两大部组成。第一部分是物质和能源流量系统，采用一个价值衡量方法，把整个经济的物质流分为"投入"和包括环境污染的"产出"两方面。第二部分是物质能源流量信息系统（MEFIS），这一系统的核心实际上是一个"三维空间"，它与以往的投入 - 产出表的结构相比，扩展了两方面的内容：第一，新增两个账户（部门），其中一个是存量账户，另一个是环保回收等经济净化部门；第二，扩大了商品向量在投入方面的原材料（原材料的稀缺性）和产出方面的对环境污染物的信息量[211]。

加拿大的环境经济核算中包括 3 个核算，分别是自然资源使用核算、环境保护支出核算和污染物产出核算。加拿大的矿产资源可分为已发现的或已知的可再生性资源，以及尚未发现的可再生性资源两个部分，分别建

立了自然资源使用和污染物产出用实物记录账户和货币衡量账户，同时建立了用货币进行衡量的环境保护支出账户[212]。

从 1991 年起，日本将环境与经济综合核算进行重点研究和开发，以后按 SEEA - 1993 提出的方法进行核算，并公布了第一次估算值。日本综合环境与经济核算一般可通过从 SNA 的流量和存量的现有计数中，分离出与环境实际费用（相关的支出额）和资产额（环境关联资产额），以及以货币形式把由经济活动引起的环境退化作为经济活动的成本——虚拟环境费用的两种途径来完成。虚拟环境退化成本是以货币形式表示与环境有关的外部不经济的虚拟环境费用[213]。

自 1992 年开始，美国分阶段开发经济与环境一体化卫星账户：第一阶段总体设计账户框架（并估算以矿产资源为代表的地下资源），第二阶段进行各种可再生资源核算，第三阶段进行环境资产核算。美国开发的经济环境一体化卫星账户采用卫星框架形式，重点是那些可以与市场活动相连接的方面，集中于经济与环境的交互作用。在具体操作上，首先将自然资源和环境资源像设备、构筑物等生产资产一样处理；其次，在此基础上测度这些资源的货物服务流量对生产的贡献。可见，美国的环境经济核算体系中把资源当作国家财富的组成部分，而且通过该账户可以提供有关环境与经济相互作用的重要信息[214]。

哥伦比亚设计的环境经济核算体系中，注意不同经济部门的行为以及与环境关系、自然资源的信息联系，在传统 SNA 中列出自然资源的可利用率和环境质量评估的指标。卫星账户的基本账户中具有两个基本特点：（1）建立了信息系统。（2）建立了物理指标和经济指标的联系，目的在于收集不同部门自然资源的可利用率和环境质量评价。哥伦比亚设计环境经济核算体系中，用一系列环境指标去追踪其在国民经济核算系统内显示的经济行为之间的关系[215-216]。

联合国在总结世界各国和国际组织环境核算研究成果的基础上，制定了《环境经济核算体系：中心框架（SEEA - 2012）》。将环境系统以"环境与经济综合核算附属账户体系"的形式纳入经济核算体系之中，虽然，人工培育的生物资源（如人工林）以及自然生态系统的服务功能（价值）并不属于 SEEA - 2012 界定的自然资源范畴，但该框架明确提出了自然生态系统功能的社会服务价值，建立了实验性生态系统账户。就目前状况而言，它代表环境与经济综合核算方面的最高水平。

二、中国环境经济核算体系的成功经验

2002 年，中国环保总局和统计局在总结了中国环境经济核算的研究实践的基础上，提出了中国国民经济核算体系《中国国民经济核算—2002》。2004 年，又提出《中国资源环境经济核算体系框架》，标志着中国绿色 GDP 核算体系框架初步建立。该框架对资源环境经济核算体系的定义为"资源环境经济核算体系又称绿色国民经济核算体系"，并进一步阐述资源环境经济核算是"在原有国民经济核算体系基础上，将资源环境因素纳入其中，通过核算描述资源环境与经济之间的关系，提供系统的核算数据，为分析、决策和评价提供依据"。

中国资源环境经济核算体系框架由四种类型的账户组成。（1）资源消耗、经济产品、废弃物排放混合核算账户。该账户能够直观地体现资源的使用状况和废弃物的排放来源。账户中资源与废弃物核算采用实物单位，其余为货币单位，但不涉及估价问题，只提供详细的数据信息。（2）资源管理和环境保护活动流量核算账户。该账户把环境保护和资源管理核算从现行国民经济核算体系中分离出来进行单独核算，可估算当期经济活动的资源、环境成本，还可掌握资源管理和环境保护支出承担者之间的经济利益关系。（3）自然资产核算账户。这个账户调整了传统国民经济核算中的资产负债核算的国民财产净值和国民资产总价值，虽然不涉及人力资本和社会资本，但在概念上比较接近世界银行定义的"国家财富"。（4）以 EDP 为中心的总量核算账户。在 EDP 基础上，计算经资源环境因素调整的可支配收入、投资、储蓄等一系列其他总量。从 GDP 到 EDP，其间的调整就是扣除经济活动的资源环境成本（经济活动对资源环境的利用消耗价值）。

《中国资源环境经济核算体系框架》完善了中国国民经济核算技术，为中国综合绿色 GDP 核算体系奠定了坚实的基础。

第五节　综合绿色 GDP 核算体系构建意义

一、改进传统 GDP 体系的需要

传统 GDP 核算实际上有一部分是以牺牲生态环境和自然资源为代价，只反映了经济增长的正效应，掩盖了经济生产过程中造成的环境质量退化会降低人类健康和福利水平的负效应。大量的自然资产由于不符合经济资产的条件而未能纳入国民经济核算的资产范围，可见，GDP 核算体系不能衡量社会公正分配。环境降级成本和自然资源消耗成本在 GDP 核算中被忽略，意味着 GDP 指标不能客观反映经济增长的效率、效益和质量。正因如此，人们已经意识到传统 GDP 核算体系的局限性，及其有待改进的重要性和迫切性。

综合绿色 GDP 核算体系弥补了传统 GDP 的缺陷，是对传统 GDP 体系的改进。综合绿色 GDP 是在传统 GDP 基础上，减去经济活动中资源耗减成本和环境污染损害成本，再加上自然生态系统的服务价值。其结果反映了社会经济活动对环境与资源的利用动态，反映了自然生态系统直接对人类提供的福祉和为经济活动提供的服务价值，因此，也客观地、真实地反映了社会生产过程的经济活动的质量和一个国家（地区）的真实发展和进步。

二、政府进行科学决策的需要

以往，GDP 是各级政府进行科学决策的重要依据之一。由于环境系统的外部性、公共物品属性以及其他因素，它对市场规律比较敏感，市场也不能准确反映甚至完全忽略了环境服务的价值。改革开放以来中国经济获得了快速发展，但由于人口多，人均资源少，形势十分严峻。综合绿色 GDP 把资源、环境以及生态系统服务纳入核算体系，这就要求当地政府在制定决策的时候不只是注重传统 GDP 的增长，还应该把经济增长与环境保护、节约资源、社会可持续发展放在一起综合考核和统筹规划。构建的综合绿色 GDP 体系能科学地、准确地反映出国家各项环境资产的存量价值和流量价值，以及环境价值的总量及动态数据。这样有利于政府准确掌握经济生产和环境的状态及变动情况，为国家制定相关经济生产和环境政策提供重要的科学依据。

三、实施可持续发展战略的需要

"可持续发展"被世界环境与发展委员会在《我们共同的未来》的报告中提出后，在世界范围内得到普遍认可，逐渐完善为系统观念和系统理论，并在《21 世纪议程》中上升到人类 21 世纪的共同发展战略。目前，我国在国家层次上制定了可持续发展战略，但地方政府或区域并没有有效的操作程序和途径，因而可持续发展战略并没有真正地被贯彻执行。一方面由于目前制定的可持续发展指标体系构建还不完善，另一方面已建立的可持续发展指标体系判断标准也还没有完全统一，尚不能进行系统科学的评价和决策。构建综合绿色 GDP 核算体系，通过对环境资源的价值核算，揭示环境资源价值构成；对生态系统服务功能的定量化研究，能促进资源利用补偿税和生态环境补偿税等经济手段的完善与实施；对人文社会部分非经济价值进行定量化研究，可揭示社会活动对经济发展的推动作用。可见，综合绿色 GDP 核算把自然资源的退化与分配的不均衡、资源稀缺性所引发的成本、污染造成的环境质量下降、能源的不合理使用导致的损失、长期生态质量退化导致自然灾害造成的经济损失等纳入经济核算体系，全面反映社会经济活动对环境与资源的利用动态。同时把失业、犯罪、教育水平低下和文盲状况导致的损失，疾病和公共卫生条件所导致的支出，人口数量失控和管理不善造成的损失等也纳入核算体系，更好地反映社会经济的安全。综合绿色 GDP 核算为国家制定资源、环境、经济社会可持续发展政策提供重要的科学依据，进而促进国家可持续发展战略的实施。

四、建设和谐社会的需要

人与自然的和谐强调经济发展与生态发展是一个完整的有机整体，是建设和谐社会中的重要内容之一。人与自然的和谐将人类作为自然生态系统的有机成分，并使之共处达到人与自然、环境与经济在更高层次上统一协调发展。人类的一切经济活动价值都要依据资源、环境与经济协调发展，人与自然和谐来判断。经济系统、自然系统以及社会系统各自具有截然不同的性质和功能。自然系统的许多功能是人类或经济系统无法替代的，但是在人类复合生态系统整体可持续发展体系中，经济系统和自然系统有显著的互补性。在自然、经济、人类社会复合生态系统中，良性的自然是人与自然和谐的依托和基础，良性的经济发展是人与自然和谐的关键和途径。因此，良性的复合循环是实现人与自然和谐的必然要求。因此，只有科学地耦合经济系统与自然系统的结构和功能，使它们达到统一与协调发展的良性循环，才能最大限度地保护自然，利用自然服务于人类的经济与社会活动，才能实现经济与自然、社会与自然、人与自然的和谐相处与持续发展。综合绿色 GDP 概念使人们充分认识到人与自然界的和谐共处的本质所在，完善了自然生态系统对生命系统支持功能定量化核算，反映了加强自然环境保护所产生的经济价值和社会效应，把加强生态文明建设、实现人与自然的和谐放在突出的地位，为构建人与自然的和谐社会提供有力的决策依据[11-12]。

第六节　综合绿色 GDP 核算体系框架

依据综合绿色 GDP 核算体系框架构建的基本原则和基础理论，根据 SEEA-2012 和国外成功的环境经济核算体系，借鉴中国绿色 GDP 核算体系框架，构建了综合绿色 GDP 核算体系框架（图 2-1）。

综合绿色 GDP 核算体系框架由环境资源实物量核算和环境资源价值量核算两个大账户构成。其中，环境资源实物量核算账户中包含资源耗减实物量核算、环境污染物实物量核算、生态系统服务物质量核算三个账户。环境资源价值量核算账户也包含资源耗减价值量核算、环境污染价值量核算、生态系统服务价值量核算三个账户。

综合绿色 GDP 核算体系将资源环境要素（自然资产）纳入国民经济资产核算。环境资源实物量账户一般选取森林、草原、土地、湿地、矿产等资源类型（可根据研究地区情况选取）进行资产存量核算，同时将当期经济活动的资源利用量进行实物流量核算。环境污染物账户设置固体废弃物、废气和废水三大类，每一类污染物可结合研究地区环境污染现实和特点，以及典型的环境问题进行细分。生态系统服务物质量核算包括两个方

面：一是系统提供的天然（非人工）产品和系统资源再生产的产品；二是
生态系统服务功能用物质量表示，生态系统服务功能可分为积累营养物
质、保持土壤、涵养水源、固碳释氧、净化大气、调节气候、保护生物多
样性和满足人类审美和益智的需求等多个指标（根据不同生态系统类型可
调整其具体指标）。

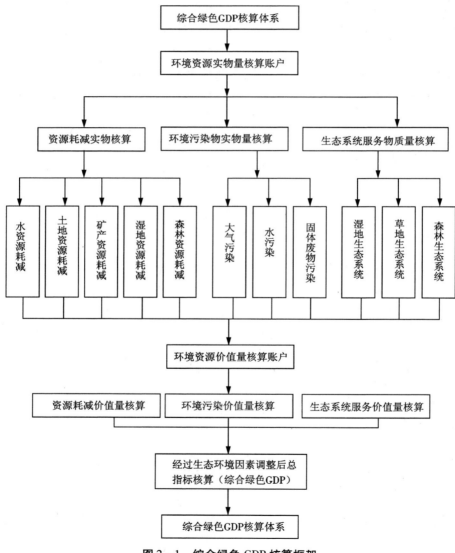

图 2 - 1　综合绿色 GDP 核算框架

　　按照资源实物流量编制自然资源实物流量核算表时，要注意资源环境统计数据应与经济核算数据一致。通过建立环境资源实物量账户能准确地反映出各项环境资产的存量和流量、环境总量及动态数据。

　　综合绿色 GDP 核算是根据环境资源的价值进行核算的。因此，必须通过环境实物量账户中的实物进行估价，建立环境价值量账户。这些环境价值量账户包括根据污染物实物流量账户建立的环境损害价值账户、对资源耗减量进行虚拟估价建立的资源消耗账户、对生态系统服务功能虚拟价值量建立的支付账户。环境价值量账户是综合绿色 GDP 核算的重要依据。在获得环境价值量账户后，对传统 GDP 进行总量核算（即在传统 GDP 中减去资源耗减成本和环境退化成本，加上生态效益），得出综合绿色 GDP 核算总量。

第 3 章　综合绿色 GDP 核算账户

从国家的统计年鉴上看出，我国在资源与环境因素的核算上，一般也是实物量核算，但核算的内容不完整也不系统，不能建立起环境资源和经济之间的直接联系，造成了资源与环境变化无法直接反映在国民经济运行的结果中。改变这种状况的办法就是对国民经济运行过程及结果从资源与环境数量（价值）上进行系统评估，将经济核算与环境资源核算结合在一起，建立经济与环境资源综合核算。

SEEA－2012 体系框架中设有经济环境实物型流量账户，其设计是针对世界范围的，涉及面较宽，核算程序也较复杂，实施难度较大。因此，经济环境实物型流量账户的设计，一方面要满足环境资源核算纳入国民经济核算体系的要求，另一方面应结合中国的环境资源核算本身的特点，建立具有可操作性的环境经济综合核算账户。

综合绿色 GDP 核算体系中的生态环境因素核算中除消耗资源、环境损害核算外，还包括生态效益核算。资源消耗核算侧重于自然资产的数量利用方面，包括经济过程中利用资源物质流量及来源，注重的是开发利用过程中的资源耗减数量及其利用效率。环境污染损害核算不仅包括污染物（废气、废水和固体废弃物）的实物与价值核算，而且还包括由于环境污染造成的损害成本核算。生态效益核算主要是核算各类生态系统的服务物质量及其价值。

第一节　经济环境间实物型流量账户的建立

经济与环境间实物型流量账户主要是记录经济系统与环境系统间的实

物流量关系。在社会经济活动过程中，要消耗一些自然资源，同时会排放废气、废水和固体废弃物，完成物质从自然环境到经济系统，又从经济系统到自然环境的流量循环。实物型账户主要记载的是与资源的物质流量有关的纯实物数据，采用国民经济核算投入 – 产出表格形式，将经济活动以及与之有关的消耗资源量、排放废弃物量、生态系统服务（以物质量形式）联系在一起，提供详细的经济数据信息。实际上经济与环境间实物核算，是对自然资产在特定时间点上（如一个核算期间有期初和期末两个时间点）的所有量的核算，并按核算期内引起自然资产存量变化的因素进行分类核算。经济与环境间实物型流量账户描述了核算期内资源动态平衡关系：期末存量 = 期初存量 + 当期变化量。该账户体现人类经济活动利用中导致当期存量变化，体现自然资产存量核算与资源消耗核算，也体现废弃物排的排放和生态服务功能混合核算。

　　环境实物量核算表构建在国民经济核算框架中的投入 – 产出表上，全面记录经济活动与资源利用消耗、废弃物（包括污染物）排放以及生态服务产出的关系。按照引起当期存量变化的各种原因，分别编制资源消耗、污染物排放、生态服务产出实物量核算表。实物量核算表明确反映了经济活动中环境实物量来源及当期存量变化量和引起变化的原因。

一、资源资产实物量核算表

　　资源资产核算的目的是为了反映与经济活动有关的资源资产数量增减变化，如新发现的自然资源储量，野生动、植物的自然生长，经济使用或自然资源的开采等引起资源资产变化。在资源资产数量变化中有些是交易因素引起的，但有些没有参加国民经济的生产核算和收入分配核算，仅列入了资产负债核算，按照现行国民经济核算体系的规定，属于由非交易因素引起，因此需要设置新的账户加以核算。资源消耗实物量核算表综合反映特定时期内环境资产期初存量、期末存量、当期变化三者之间的动态平衡，主要记录当期发生的资源存量的变化即净消费量。其核算表格形式见表 3 – 1。

表 3 – 1 资源消耗实物流量

	土地资源	矿物资源	水资源	森林资源	湿地资源	……	总计
期初存量							
当期存量增加							
新发现							
自然增长							
当前存量减少							
经济活动利用							
其他变动							
灾害损失							
期末存量							

表 3 – 1 横行标题是自然资源的分类，将自然资源分为矿产资源、水资源、森林资源和土地资源等。纵列标题是自然资源的存量和流量。"期初存量"是核算期初的自然资源总量，"本期增减量"包括"人工培育"、"开采使用"、"自然生长"、"灾害损失"等。以此反映自然资源的自然进化和退化情况，人类活动对自然资源造成的损失，以及人类改造自然、保护资源的劳动成果。

"期末存量"是核算期末自然资源的总量。表中的平衡关系为：期初存量 + 本期增加量 – 本期减少量 = 期末存量。

资源资产的数据可从《中国统计年鉴》或《中国能源统计年鉴》等资料中找到，因为国家统计部门对不同资源的数量，不同产业部门对不同资源的消费量都有统计。如上年末和本年年底的土地耕地面可从《中国统计年鉴》获得，各行业的石油、煤炭和天然气三大主要能源的消费量，在《中国能源统计年鉴》中能找到具体数据；又如上年末和本年各种森林类型的面积和蓄能量数据在林业部门每年的年报表中都有记载。

二、环境污染物实物量核算表

环境污染物排放量是指人类经济活动过程中，直接或间接地向环境排放超过其自净能力的物质，造成环境污染而导致环境质量恶化，给自然资产和人类的生存与发展带来不利影响。环境污染物（尤其是气态或液态）

的特点是区域之间的流动性很强。就目前的核算技术和手段，要准确估算某一区域内的期初及期末环境污染物的存量几乎是不可能的。因此，环境污染实物核算实际上是核算期内排放的废弃物和污染物，记录经济活动的各类污染物生产量、处理量和排放量，把经济活动的过程与环境质量变化联系起来。

环境污染物实物量账户主要记录固体废弃物、废气、废水和工业粉尘等污染物的生产量、处理量和排放量实物核算（表 3 - 2）。

表 3 - 2　环境废弃物实物流量表

项目	生产量	处理量	排放量
废水			
工业废水			
城市生活废水			
固体废物			
工业生产固体废物			
城市生活垃圾			
废气			
SO_2			
烟尘			
氨氮			
工业粉尘			
其他			

废水处理量核算分别是工业废水和城市生活污水的生产量、废水排放达标量和废水排放未达标量即污染量。大气污染物采用污染物分类指标，包括粉尘、SO_2、烟尘和氨氮 4 种，按照生产工艺过程废气实物量和燃料燃烧过程废气实物量核算。固体废弃物是对各部门产生的固体污染物量、固体污染处理量和排放量进行统计。污染物排放数据来源于环境统计的监测结果，固体废弃物、废水、废气的生产量、排放量和治理量可从《中国统计年鉴》、《中国环境统计年鉴》等相关部门的统计年报中得到。

三、生态服务功能物质量核算表

生态系统服务是指自然生态系统所提供的能够满足人类生活需要的条件和过程，维持与创造了地球生命支持系统，形成了人类生存所必需的环境条件。一般而言，生态系统具有三种服务：一是向人类提供产品（林产品、水产品、药材等），二是调节、支持服务（调节区域气候、维持整个大气化学组分的平衡与稳定、吸收与降解污染物、保存生物进化所需要的丰富的物种与遗传资源等），三是社会服务（科研、文化教育、游憩等）。

生态系统服务功能物质量核算主要是对生态系统提供的各项服务功能，从物质量的角度进行定量评估。生态系统服务功能是在生态系统结构及生态过程中产生的，也就是说生态系统结构及生态过程是物质量评估的理论基础。用物质量评估生态系统服务功能，这为不同的生态系统所提供的同一项服务能力的大小，提供了一个统一的评估标准。不同生态系统能提供的服务功能不同，同一生态系统也具有多种服务功能，例如森林生态系统服务功能包括净化大气环境、涵养水源、固碳释氧、保持土壤、积累营养物质、保护生物多样性等多种功能，每一项服务功能的实物流量估计方法不同［见《森林生态系统服务功能评估规范》（LY/T 1721 - 2008）］。本研究以森林生态系统服务功能物质量核算为例，列出生态服务功能物质量核算表（表3 - 3）。

表3 - 3 森林生态系统服务功能物质量核算

服务功能	项目	单位	幼龄林	中龄林	近熟林	成熟林	过熟林
	面积	hm^2					
固土	林地土壤侵蚀模数	$t/(hm^2 \cdot a)$					
功能	无林地土壤侵蚀模数	$t/(hm^2 \cdot a)$					
	林地土壤容重	t/m^3					
	林分固土量	t/a					
保持	林分土壤保持氮量	t/a					
养分	林分土壤保持磷量	t/a					
	林分土壤保持钾量	t/a					
	林分土壤保持有机质量	t/a					

服务功能	项目	单位	幼龄林	中龄林	近熟林	成熟林	过熟林
涵养水源	年降水量	mm/a					
	林分年蒸散量	mm/a					
	年涵养水源量	m^3/a					
固碳	单位面积林分和土壤年固碳量	$t/(hm^2 \cdot a)$					
释氧	林分和土壤年固碳量	t/a					
	单位面积林分年释氧量	$t/(hm^2 \cdot a)$					
	林分年释氧量	t/a					
养分循环	林分净生产力	$t/(hm^2 \cdot a)$					
	林分年吸收氮量	t/a					
	林分年吸收磷量	t/a					
	林分年吸收钾量	t/a					
净化大气环境	林分年吸收氟化物量	kg/a					
	林分年吸收氮氧化物量	kg/a					
	林分年吸收重金属量	kg/a					
	林分年滞尘量	t/a					
	林分年吸收 SO_2 量	kg/a					
	林分提供负离子个数	个/a					
	林分降低噪音量	db					
调节气候	降低温度	℃					
	增加大气湿度(水汽量)	$t/(hm^2 \cdot a)$					
	生物多样性保育						
	游憩						

第二节　环境价值量核算账户的建立

环境资源价值核算主要反映经济活动中环境资源数量的增减、环境质量的恶化或改善所引起的经济价值的增减变化，以及自然生态系统为人类提供服务的经济价值变化。SEEA - 2012 把环境同资源一样作为资产处理，所以环境质量变化就表现为相关资产的价值变化。环境质量的变化不仅与经济活动中排放的废弃物种类和量有关，而且与社会对环境保护与治理的投入有密切关系。因此，环境价值量核算包括资源消耗成本、环境退化成本、资源管理与环境保护支出和自然生态系统服务效益核算。

一、资源消耗价值核算表

资源消耗价值核算是指经济过程利用消耗自然资源所形成的成本，也就是经济活动过程中对自然资源的利用使得自然资源量减少的价值的核算。资源消耗价值核算比较侧重于自然资产的数量利用方面，在资源资产实物量核算表的基础上建立资源损益核算账户（表 3 - 4），记录了当年核算期发生的各种资源的净减少量即资源耗减成本。一般而言，由于社会经济活动中对资源利用消耗，资源量的变化表现为资源的净减少，这就是资源耗减成本。

表 3 - 4　资源消耗价值核算

项目	土地资源	矿物资源	水资源	森林资源	湿地资源	……	总计
期初存量价值							
当期存量增加价值							
发现新资源价值							
自然增长价值							
其他变动（价格增大）价值							
当前存量减少价值							
经济活动利用成本							
其他变动（价格减少）价值							
灾害损失价值							
期末存量价值							

目前国民经济核算体系中，资源价值还未纳入核算内。正因如此，为了获取 GDP 快速增长，经济发展不惜以牺牲资源为代价。自然资源的存储量是有限的，而且有些自然资源是难以更新和再生的。无节制地掠夺自然资源，其后果是资源的枯竭，将会造成经济、环境和人类社会的不可持续发展。所以，必须把社会经济活动造成的资源净减少量作为资源耗减成本

进行核算，并对国民经济核算的相关指标进行调整，这样才能唤起人们在经济活动中对资源节制使用的意识，以及管理和保护好自然资源的意识。

二、环境污染损害价值核算表

环境损失账户主要描述经济活动过程中所形成的残余物（废水、废气、废物等）进入自然环境，造成环境污染损害的价值量。与资源消耗价值核算一样，在环境污染物实物量统计的基础上，采用环境保护支出或环境退化成本对经济活动过程中给环境带来的伤害进行价值量核算。

环保支出费是经济体系为了保护环境不受损害，资源得到可持续利用的实际花费的，包括政府、各种组织、各个产业和个人等为了避免环境恶化以及在恶化发生后为了减轻危害而产生的各种费用。这反映了经济体系为保护资源环境所付出的代价。在目前的国民经济核算体系中，对环保支出费采用中间消耗处理办法，也就是说传统 GDP 核算最终价值中没有剔除环保支出费，也就没有反映经济系统对环境损害的代价，所以应对国民经济核算指标进行调整。

环境退化成本，是指经济过程使用了环境提供的服务而形成的成本，为了治理未经处理排放污染物需要花费的治理成本。这一部分成本虽然没有实际支出，但是应该支付的。环境污染损害核算表记录了当年核算期发生的环境退化成本。这种环境退化成本，尚未纳入国民经济核算体系之中，它是从事社会经济活动所付出的环境代价，应纳入国民经济核算内，对国民经济核算的相关指标进行调整。

由此可见，环保支出费和环境退化成本在计量上是并列存在的，分别对应于环境治理付费的两种不同方式。也就是环保支出费与环境退化成本在计量对象上具有某种同一性，但彼此所采用的计量方法完全不同。环境保护支出以实际发生的支出为估价基础，而环境退化成本是对没有得到保护的那部分环境影响进行的估价，采用了虚拟估价方法。因此，环境污染损害核价值算表应有两种表格形式：一种表格记录未经处理排放污染物需要花费的治理成本，即环境退化成本（表 3 – 5）；另一种表格记录已治理环境的实际支出，即环保支出费（表 3 – 6）。

环境污染损失具有累积性，因此，核算环境污染损失价值的时间长度的把握至关重要，其核算时间长度应与核算周期的时间长度相一致。由此可知，环境污染所造成的经济损失年报告（表）是指一年度所产生的环境污染的经济损失价值，而不是累积损失的价值。

表 3 - 5 　环境退化成本流量核算

项目	生产量	处理量	未处理量治理成本
处理废水成本			
处理工业废水成本			
处理城市生活废水成本			
处理固体废物成本			
处理工业生产固体废物成本			
处理城市生活垃圾成本			
处理废气成本			
处理 SO_2 成本			
处理烟尘成本			
处理氨氮成本			
处理工业粉尘成本			
其他			

表 3 - 6 　环保支出费流量核算

项目	政府	各产业部门	各社会组织	个人	……	总计
投入费						
其他						

三、生态效益账户

生态系统服务价值是指生态系统通过直接或间接的方式为社会发展和人类生存提供的无形或有形的资源的另一种形式的价值。随着人类生存环境日益恶化和自然资源严重短缺，生态系统具有价值，这一概念越来越被人们理解和接受。

生态系统为人类提供淡水、纤维、原材料等产品，这些产品本身就因具有市场价格而具有价值。生态系统还为人类在文化教育、旅游等方面提供众多的惠益社会福利价值。更为重要的是生态系统对人类生存环境起着调控和支撑作用的效益，主要包括维持大气碳氧平衡、调节气候、减轻自然灾害、净化污染物质、提供野生生物的栖息地、形成生物基因库等生态服务价值。

SEEA－2012 提供了试验性生态系统账户，虽然不纳入核算范围，但还是考虑了由于经济活动对生态系统的伤害（质量和数量），生态系统提供的物质、非物质和生态服务的能力下降等问题。综合绿色 GDP 要公正客观地反映社会的真正财富，必须对生态系统的服务价值进行核算。

生态效益核算是采用一系列价值评估方法，依据生态系统服务功能的物质量进行生态系统服务价值核算。通过生态效益核算能将生态系统无形的服务功能转化为用有形、可衡量、可比较的货币价值量来度量。通过价值核算，不仅向人们展示了生态系统服务功能的价值，而且也可对不同生态系统服务功能及价值的大小进行比较。

通过一系列估价方法将生态系统服务功能由实物量向价值量转化，把生态效益纳入相关的经济账户，从而实现经济核算体系价值与环境价值的连接。从自然资产存量价值分析，生态效益表征自然环境价值的增加，体现自然资产存量为正价值。从经济过程角度分析，生态效益则反映了自然生态系统提供给经济活动的环境收益价值。

前面提到不同生态系统提供服务功能不同，也意味着不同生态系统具有不同的生态效益。这里以森林生态系统为例，列出森林生态系统效益核算表（表 3 - 7）。

表 3 - 7　森林生态系统服务效益核算

项目	单位	幼龄林	中龄林	近熟林	成熟林	过熟林
林分面积	hm^2					
林分固土价值	万元/a					
林分土壤保持氮价值	万元/a					
林分土壤保持磷价值	万元/a					
林分土壤保持钾价值	万元/a					
林分土壤保持有机质价值	万元/a					
涵养水源价值	万元/a					
净化水质价值	万元/a					

项目	单位	幼龄林	中龄林	近熟林	成熟林	过熟林
林分和土壤年固碳价值	万元/a					
林分年释氧价值	万元/a					
林分净生产力	万元/a					
林分净生产力吸收氮价值	万元/a					
林分净生产力吸收磷价值	万元/a					
林分净生产力吸收钾价值	万元/a					
林分年吸收氟化物价值	万元/a					
林分年吸收氮氧化物价值	万元/a					
林分年吸收重金属价值	万元/a					
林分年滞尘量价值	万元/a					
林分年吸收 SO_2 价值	万元/a					
林分提供负离子价值	万元/a					
林分降低噪音量价值	万元/a					
降低温度价值	万元/a					
增加大气湿度（水汽量）价值	万元/a					
生物多样性保育价值	万元/a					
游憩价值	万元/a					

第三节　环境资源核算和综合绿色 GDP 的转换与连接

　　如何将使用引起的资源数量变化的外部效应，也就是将经济活动外部性引起的环境质量的变化纳入其他账户，采用海萨尼（SAMRE）转换方法[218]可以做到。海萨尼转换就是将其他流量等同于交易流量来处理。通过海萨尼转换，"自然环境资源"就可以看作活动主体，于是可用交易来处理经济活动，引起外部效应。根据海萨尼转换这一思路，那么均可以作为交易流量来处理使用等引起的资源要素的数量变化，以及经济活动的外部性引起的环境要素的质量变化。

因此在对经济与环境综合核算有关账户进行设计时，环境恶化成本、资源耗减成本和生态效益都可以纳入相关的经济账户中，从而实现环境因素与经济核算体系的衔接（图 3 - 1）。这种连接有三重不同含义：一是内部连接，环境资源核算账户中实物量指标与价值量指标的连接，通过货币化模型实现；二是外部连接，利用价值量指标把资源环境核算账户与国民经济核算账户连接；三是国民经济核算账户的生态、环境因素调整，调整为综合绿色 GDP 核算体系。

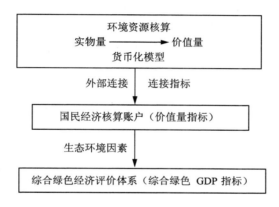

图 3 - 1 综合绿色 GDP 核算体系的连接模式

一、实物量指标与价值量指标的内部连接

在自然资源核算账户、环境质量核算账户和生态系统服务账户中，既包含了实物量指标，也包含了价值量指标。借助于 SAMRE 方法[218] 可以建立公式（3 - 1）连接模型，使实物量指标向价值量指标转变。

$$M = N(G - R) \tag{3 - 1}$$

式中：M ——资源净产值；

G ——自然资源增长量；

R ——为自然资源消耗量；

N ——资源租金。

在市场估价方法中，各种自然资源租金 N 等于同期市场该资源价格 P，资源年末存量的变化量相当于其年末增长量与消耗量之差（$G - R$）。那么环境净产值可用下式估算。

$$E = PB + K(D - H) \tag{3 - 2}$$

式中：E ——环境净产值；

B ——环境服务流量；

P ——环境服务价格；

K ——污染物排放的社会边际成本；

H ——污染排放量；

D ——环境的自净能力。

从长期看，一般而言，环境对任何污染的容纳能力都将达到饱和，也就是最终 $D=0$，每年的排污量则为年末存量的变化量。

通过建立连接模型，环境和资源的实物量可转化为货币量计量，从而实现环境、资源和生态系统服务核算账户内部实物量指标向价值量指标的转换。

二、环境资源账户与国民经济核算账户的连接

要实现环境资源账户与国民经济核算账户的连接，首先要有一个连接的中介，可把连接指标体系作为连接中介。这个连接指标体系包括环境退化成本、环境保护支出和资源耗减成本三项指标。

环境退化成本是在环境质量核算账户记录的核算期内当年发生的环境质量价值损失，这是一种直接损失。但现行国民经济核算体系之中，这部分损失尚未纳入其核算内。实际上这种损失是社会经济活动中所付出的环境代价，这种代价直接导致社会财富积累的减少，因此，应从经济账户的有关项目中扣除环境退化成本。

环境保护支出是在环境保护与治理账户中记录的核算期内全社会投入的环境保护投入与支出。对于环境保护支出如何处理，某些专家认为不应该作为经济总量指标的减项[219]。但是这笔费用的支出是为了改善经济活动的环境，也就是说最终产品的价值中包含了这种费用，为了反映产品的真实价值，环境保护支出应从经济账户的有关项目中扣除。

资源耗减成本是在自然资源核算账户中记录的核算期发生的各种自然资源的增减数量相抵以后的净值。资源的耗减意味着原有社会财富积累的净减少，现行国民经济核算体系并没有资源耗减成本核算，使得社会净积累财富中有虚增的部分。为了真实反映社会积累财富，资源耗减成本必须从经济账户的有关项目中扣除。

三、国民经济核算体系向综合绿色 GDP 核算体系的调整

在联合国提出的环境经济核算体系——中心框架（SEEA – 2012）的基础上，增加生态效益账户，建立综合绿色 GDP 核算账户（表 3 – 8）。

表 3 – 8　生态、资源、环境与经济综合核算账户

项目	生产 1	最终消费 2	生产资产 3	资源资产 4	环境资产 5	生态效益 6
期初资产存量 1				KO_p	KO_{np}	
供给 2	p					
经济使用 3	C_i	C	I_g			
国内资产折旧 4	CFC		– CFC			
国内生产总值 5	GDP	C	I			
资源耗减成本 6	RC			– RC		
环境退化成本 7	EC				– EC	
环境保护支出成本 8	F				– F	
生态效益 9	ED					ED
环境、资源调整后的国内生产总值 10	绿色 GDP	C	I	– RC	– EC – F	
生态、环境、资源调整后的国内生产总值 11	综合绿色 GDP	C	I	– RC	– EC – F	ED
持有资产损益 12				Rev_p	Rev_{np}	
资产物量的其他变化 13				Vol_p	Vol_{np}	
期末存量 14				KI_p	KI_{np}	

从表 3 – 8 看出，引入生态、资源、环境因素以后，国内生产总值、国内生产净值等的计算发生了变化。变化后的总量指标计算公式如下：

绿色 GDP = 国内生产总值 – 资源耗减成本 – 环境退化成本 – 环境保护支出成本，即：

$$绿色 GDP = GDP – RC – EC – F \tag{3 – 3}$$

综合绿色 GDP = 国内生产总值 – 资源耗减成本 – 环境退化成本 – 环境保护支出成本 + 生态效益，即：

$$综合绿色 GDP = GDP – RC – EC – F + ED \tag{3 – 4}$$

绿色 NDP = 国内生产总值 – 固定资产折旧 – 资源耗减成本 – 环境退化

成本 – 环境保护支出成本，即：

$$绿色 NDP = GDP - CFC - RC - EC - F = NDP - RC - EC - F \qquad (3-5)$$

综合绿色 NDP = 国内生产总值 – 固定资产折旧 – 资源耗减成本 – 环境退化成本 – 环境保护支出成本 + 生态效益，即：

$$综合绿色 NDP = GDP - CFC - RC - EC - F = NDP - RC - EC - F + ED$$
$$(3-6)$$

期初资产存量、期末资产存量的计算公式也发生了变化，分别为：

$$KI_p = KO_p + I + Rev_p + Vol_p \qquad (3-7)$$

$$KI_{np} = KO_{np} - RC + Rev_{np} + Vol_{np} \qquad (3-8)$$

第 4 章　环境资源价值核算方法

多年来，国内外不少的专家和学者以及有关机构从不同角度、不同方面，对自然资源的价值、环境变化影响估价和生态系统服务功能效益等进行了大量研究，提出了不少估价方法。尽管有些方法并未得到一致公认，但是，这为环境资源价值核算的实施奠定了一定的基础。

第一节　环境资源价值核算的基本原则

如何对环境资源进行估价，用什么样的技术和方法对环境资源估价，是一个非常复杂的课题。到目前为止，仍然没有形成国际公认的对环境资源估价的统一方法。目前用于环境资源估价的方法较多，但都不一定完善，因此在进行环境资源价值核算，对环境资源估价方法的选择上，需要遵循四个基本原则。

一、要根据资源和环境各自的内涵特征分别确定估价方法

资源和环境内涵特征不相同。资源具有数量特征；环境主要体现为质量功能，常常无法用数量多少表述。资源与经济体系具有直接的物质投入关系，其价格可用市场方法评估；环境许多方面与市场联系不大，其估价方法常常难以与市场相联系[72]。如果同一实体（如森林）同时涉及环境和资源两方面的功能，那么就应分别对其资源和环境估价，二者不能混为一谈。

二、对存量和流量的估价方法要分别确定

对流量进行估价主要是为了核算经济活动的资源环境成本，对存量进

行估价主要是为了核算资产总价值。资源既有存量又有流量，在估价上具有一致性。对环境而言，则常常没有存量，但一般只对环境流量进行估价，必须正确选择估算环境功能价值的方法。

三、环境资源估价有两种思路

一种思路是能进入市场的，可沿用国民经济核算的估价方法，尽量以市场交易价格为基础寻求估价方法，用来估算资源环境的经济价值。另一种思路是，虽然没有进入市场，可用其对人类福利的影响来衡量资源环境的价值。这些价值不一定都是正价值，有时表现为负价值，如丧失该功能后对福利有负面影响的环境污染的损失价值。

四、资产价值是由该资源（或环境）给人类带来的收益决定的

对于进入市场的资源环境（资产），当期的市场价格体现了它给人类带来的收益；对未进入市场的资源环境（资产），收益有多种表现形式：或者体现为必须花费的恢复或重置成本，或者隐含在所转化形成的资源产品之中，或者通过愿意支付的价值或愿意接受补偿的价值，或者表现为所损失福利的价值。

第二节　自然资源的估价方法

对自然资源的估价有两种：一是对自然资源存量估价，主要是为了核算资产总价值；二是对自然资源流量估价，主要是为了核算经济活动的资源成本。对自然资源的估价方法一般有市场估价法、净现值法、净租法、净价格法、影子价格法、机会成本法、使用者成本法等。

一、市场估价法

市场估价法是根据某种资源在市场的市场价格与开采这种资源引起的包括劳动报酬和正常利润等所有费用之间的差额，来估算这种资源的价值。凡是能进入市场化的资源，应尽量采用市场估价法估算其资源价值。

二、净现值法

净现值法可用于自然资源等资产估价。该方法认为自然资源具有内在价值，如矿产其内在价值等于它的出售价格减去各项成本（开采、运输等成本）后的价值。如果在若干年后能开采的某种资源量，那么就应根据现在距开采时间长短，对这种自然资源的价值进行贴现。现在距开采时间的各年的贴现值总和，就是该自然资源存量的价值。净现值法估价模型为：

$$M = \sum_{i=0}^{t} \frac{A_t - C_t - R_t}{(1+r)^t} \tag{4-1}$$

式中：M —— 资源资产价值；

t —— 预计开采年限；

C_t —— 第 t 年预期生产成本；

R_t —— 第 t 年投资资本的正常回报；

A_t —— 第 t 年销售额；

r —— 适用收益率或折现率。

三、净租法（Hotelling 模型）

该估价模型分析了不可再生资源所采取的不同利用（开采）方式，并确定最优利用（开采）途径。在此基础上，分析了不可再生资源在竞争市场中，价格随时间动态变化的均衡价格路径，得出著名的"霍特林规则"，即当某一资源被开采时，该资源价格的增长率应该相当于贴现率，即：

$$P_t / P_0 = r \tag{4-2}$$

式中：P_t / P_0 —— 资源价格的增长率；

r —— 资源贴现率

如果 $P_t / P_0 > r$，那就意味着推迟资源的利用（开采）可获取更多利益，因此我们应该更多地保存资源。如果 $P_t / P_0 < r$，那就意味着更多地利用资源，能降低生产成本。根据"霍特林规则"，该模型假设有：

$$R_t = R_0(1+r)^t \tag{4-3}$$

式中：R_t —— 第 t 年资源租金；

R_0 —— 当年的资源租金。

显然，根据 Hotelling 模型，在核算期内，每一期对资源的耗减量价值就

都等于 R_0。一般认为,资源的估价 Hotelling 模型只适用于不可再生资源,但如果可再生资源没有得到可持续管理,则就是耗竭性的,在理论上也可以使用 Hotelling 模型。

四、净价格法

净价格法是人们常用于自然资源存量估值的另一种方法。净价格法与净现值法不同之处在于,净价格法是在自然资源量已明确的基础上,无论是当年利用(开采)的,还是未来利用(开采)的都具有同样的内在价值,而且其资源的价值不受人为利用(开采)能力或对产量的限制的影响。因此,不需要对未来利用(开采)的自然资源价值进行贴现。净价格法模型为:

$$N = \frac{A_t - B_t - D_t}{Q_t} \sum Q_t \qquad (4-4)$$

式中:N —— 资源资产价值;

A_t —— 资源资产在 t 期的销售收入;

B_t —— 资源资产在 t 期的生产成本;

D_t —— 资源资产在 t 期的投资资本的正常利润及风险收益;

Q_t —— 第 t 期的资源利用(开采)量。

五、影子价格法

影子价格是针对现行市场价格的缺陷,为实现合理分配稀缺资源而提出的一种理论价格。影子价格是立足在资源有限性的起点上,其核心是为了充分合理分配并有效利用资源,并以最大经济效益为目标的一种测算价格。影子价格协调、综合了企业的经济效益和社会效益的各方面关系。影子价格有时也可以理解为边际价格,就是有限资源在最优分配、合理利用下对社会目标的边际贡献,反映资源利用边际产出的经济效果。从消费者的角度分析,影子价格是消费者对所买商品的机会成本,消费者支付意愿反映了消费者对所需商品的边际支付能力。从市场的角度分析,影子价格表现为供求价格。在完全自由竞争的市场下,商品的影子价格等于市场价格。

六、机会成本法

机会成本是指在其他条件相同时,利用一定的资源获得某种收入时所放弃的另一种收入,或指在其他条件相同时,把一定的资源用于某种用途时所放弃的另一用途的效益。机会成本是根据资源和环境经济学观点,从社会学角度评估资源开采、使用对经济活动的影响,从经济学角度抽象与度量对资源开采、使用的后果。机会成本由生产成本、使用成本和环境成本三部分组成,这三种成本合在一起就等于自然资源的价值。其计算公式为:

$$P = MOC = MPC + MUC + MEC \qquad (4-5)$$

式中:P——资源资产价值;

MOC ——资源机会成本;

MPC ——资源生产成本;

MUC ——资源使用成本;

MEC ——资源环境成本。

生产成本四个方面组成:(1)收获自然资源的开采成本;(2)和未收获自然资源的勘探成本;(3)再生产成本;(4)管理成本。使用成本是指使用某一自然资源时采用某种方式,比其他方式利用同一个自然资源可能获取的最大纯收益。环境成本是指资源开采或使用过程中,对生态环境造成的质量的损害。环境成本的大小,不仅取决于资源受到的损失程度,而且还取决于对资源受损程度的认可和对资源受损的支付意愿。使用成本相当于有形的资源价值,环境成本相当于资源无形的生态价值,它们合起来相当于资源与环境本身价值。

用机会成本确定自然资源价格并将其计入成本。这是由于自然资源具有实物意义上的稀缺性,现在使用稀缺性资源,那么今后利用同一资源获取纯收益的机会就减少了,所以机会成本包含着未来所牺牲的收益。因此,生产成本只有在完全竞争市场的情况下才可应用,否则,要用影子价格法或其他方法代替。

七、使用者成本法(持续收入法)

使用者成本法是将非再生资源看作是资本,通过考察自然资本价值随时间的变化量,用使用者成本法来估计非再生资源的损耗价值的方法。使用者成本法只能用于计算资源的耗减成本,而不能用于计算资源在某一时点的存量价值。现行的国民经济核算体系中,资源利用部门的净收入就是资源的销售收入与利用(开采)费用的差价。这部分净收益由资源损耗成本和真实收入两部分组成。使用者成本法的计算原则是将自然资源视为持久的收入来源。也就是说,从净收入中扣除的损耗成本再投资到资源产业中,以保证可持续获得收入。为保证资源收入的持久性,资源开采部门在有限的开采期限内,从开采之日起,每年得到的净收入的现值之和,应等于每年由该资源产生的真实收入的现值之和。

从理论上看,上面的自然资源估价方法(市场估价法除外)本质上基本相同,但一些假设前提条件不一样。例如净租法在计算非再生资源价值耗减时,不需要确定资源的使用期限和贴现率(假定资源的价格增长速度等于贴现率),省略了贴现过程。使用者成本法需要估计使用期限和确定适当的贴现率水平,假定资源剩余可采储量和价格固定。仔细分析这些估价方法的内在联系可看出:(1)若资源价格一直固定,净现值法可简化为使用者成本法;(2)如果资源价格的增长速度和贴现率一样,那么净现值法就可以简化为净租法。因此,在实际应用中,应根据数据可得性和资源特性选择适当的计量方法。

八、矿物和能源资源估价方法

对矿物和能源资源的价值进行评估,实际上就是对地下储量估价。有一些国家的矿物和能源资源为私有,有关矿物和能源资源的市场价格信息较多,可以采用市场价格法估算矿物和能源资源价值。中国的矿物和能源资源为国家公有,地下储量的市场交易并不经常发生,而统计的是每年利用(开采)的矿物和能源资源量,也就是矿物和能源资源每年的流量。因此,可用经价格调整的净现值法计量矿物和能源资源每年的流量价值。

九、水资源估价方法

目前一般用市场价格法和占有法计量水资源价值。就准确性而言,市场价格法是估价最准确的方法,但水资源并没有完全市场化,因而在实际中很难采用。占有法是采用水权的交易价格来作为水的价格。我国的具体情况是,国家向水的使用者收取水资源费,水权由国家行使,因而可以从有关行使国家水权的机构收集到具体的水资源费数据。所以,可用占有法计量水资源价值。以水资源费代表水资源的单位资源租金,利用净现值法对水资源的价值进行核算。水资源分为地表水和地下水,二者水资源量也不同,水资源

费也不相同,因此,对地表水和地下水分别进行核算。其价值计算公式如下:

$$M_1 = \sum_{t=1}^{n_1} \frac{R_1}{(1+r)^t} = \sum_{t=1}^{n_1} \frac{P_1 Q_1}{(1+r)^t} \qquad (4-6)$$

$$M_2 = \sum_{t=1}^{n_2} \frac{R_2}{(1+r)^t} = \sum_{t=1}^{n_2} \frac{P_2 Q_2}{(1+r)^t} \qquad (4-7)$$

式中:M_1、M_2 —— 地表水、地下水资源价值;

Q_1、Q_2 —— 地表水、地下水总量;

P_1、P_2 —— 地表水、地下水的水资源费,用来代表单位资源租金;

R_1、R_2 —— 地表水、地下水资源租金;

n_1、n_2 —— 当前总量的地表水、地下水可使用年限;

r —— 贴现率。

十、土地资源估价方法

常用估算土地资源价值的方法有市场价格法、净现值法和占有法。当然市场价格最直接。影响土地的交易价格因素太多,如功能用途、地理位置等,而且相对于土地总量来说土地的交易量相对较少。此外,有些土地可能没有交易记录,有交易记录其价格也不具有代表性。因此,市场价格法还难以应用于土地资源价值估算,实际核算上通常采用净现值法和占有法。占用法是用政府建设项目征地补偿费来估算土地价值。净现值法把土地出产物的净收益作为土地资源租金,将所有年份的净收益贴现值之和进行核算。用净现值法估算耕地的价值。一般认为,土地为永久使用,那么估算土地价值的公式则为:

$$M_3 = \sum \frac{R_t}{(1+r)^t} \qquad (4-8)$$

式中:M_3 —— 价值;

r —— 贴现率;

R_t —— 土地年净收益。

对于耕地以外的土地价值,本著作采用占用法估算,即用政府建设项目征地补偿费的单价乘上相应类型的土地面积。

十一、生物资源估价方法

SEEA – 2012 核算体系账户中,生物资源分为林木资源、水产资源、林木以外作物和植物资源以及水产之外的动物资源四种类型。按性质可分为自然资源(非培育) 和人工培育资源。自然资源(非培育) 包括天然林、野生植物、非养殖的水产和野生动物等,人工培育资源主要指农作物、人工林、人工饲养牲畜及养殖的水产等。

在国民经济核算体系(SNA) 中,培育性生物资源属于固定资产,通常用可得到的市场交易价格直接估算其存量和流量价值;非培育资源属于非生产资产、非金融中的自然资源,估算这些资源的存量和流量价值,其估计基础则是资源租金,存量和流量价值用净现值方法计算得到。

(一) 林木资源估价方法

林木资源价值等于采伐者支付给林木所有者的价格中,扣除森林管理费用和林地租金后的成本的价值。天然林分管理成本很低,甚至为零。所以实际中对天然林分林木存量价值估算的重点是对成熟林木的价格或从中可获得的收益的计算。林木资源价值估算方法有立木价值法和消费价值法。立木价值法也叫净价格法,该法忽略管理成本和林地租金,假定贴现率等同于森林的自然生长率,那么,林木存量的价值就等于当期的立木储积量与价格的乘积。本研究用立木价值法估算森林立木存量价值,其好处在于,它以一种较为简单的方式对实物木材账户中所有的科目进行估价,包括自然生长、采伐、存量以及其他变化。其计算公式为:

$$H = A \times P \times Q \tag{4-9}$$

式中:H—— 为林木存量价值;

A—— 森林面积;

P—— 每立方米木材平均价格;

Q—— 为林木蓄积量。

我们和道,不同树种的林木价格是不相同的,所以应定好不同树种每立方米的木材平均价格。此外,一般统计年报表中只有森林的蓄积量数据,在采用立木价值法以前,先要把每立方米林木蓄积,依据木材的种类和测度折算成一定立方米木材后再估算。对于林木的流量价值,天然林分用林木的收购价格减去林木的采伐和运输成本计量;对于人工林用林木的收购价格减去林木的采伐、运输和培育管理以及地租金成本估算。

(二) 水产资源估价方法

目前,我国还未完全形成捕鱼权和配额交易市场,而且,不论是养殖的还是野生的水产资源都可以在市场上交易,容易获得水产资源的市场价格。因此,本研究用市场价格法来估算水产资源的价值。由于无法获得水产资源存量的准确数据(无论是养殖的还是野生的),而且有关统计部门只报道水产的当年产量,因此,一般只对水产资源流量价值进行核算。用市场价格法估算水产资源的价值公式为:

$$N = \sum_{i=1}^{n} K_i T_i \tag{4-10}$$

式中:N—— 水产资源价值;

K_i—— 水产价格;

T_i—— 捕捞的水产数量;

i—— 捕捞的水产类型。

此外,目前我国对于非培育的野生植物、野生动物既无实物量也无价格数据,因此,本研究不进行野生动、植物的存量和流量价值核算,培育资源(作物和牲畜)基本上都在市场上交易,采用市场价格法估算它们的价值。

第三节　　环境价值核算方法

SEEA－2012 体系框架中对环境的核算包括自然资源耗减、环境退化和防护性支出三个方面。前面已分析了估算自然资源损耗成本的方法,这里着重分析防护性支出和如何计算已经被破坏但还未被修复的环境损失的价值。

环境价值的核算主要是评估环境污染和生态破坏造成的经济价值。由于环境价值其自身的特点,不同的学者提出了不同的价值评价体系。有学者认为环境变化影响经济的价值评价,是人们忍受环境损失的接受赔偿意愿,或是对于环境改善的支付意愿,其评价方法可以分为直接市场评价方法、陈述偏好法、揭示偏好法等。还有学者以为,环境影响经济评价方法可以根据数据是真实的,还是对假设问题的回答;货币化价值能否直接得到,还是通过选择模型的间接方法推断出来进行分类。并认为其评价方法可以分为 4 类:直接观察法、直接假设法、间接观察法和间接假设法[219]。也有学者把环境影响经济评价方法分为客观评价法和主观评价法两大类。客观评价法对各种原因引起的损失进行客观衡量,建立在描述因果关系的实物量关系式的基础上;主观评价法在很大程度上是一种比较主观的评价,建立在一种真实或假设的市场行为所表达的或揭示的偏好基础之上[224]。从基本思路上分析,对于环境退化的估价方法主要有两种:一种是基于损害／受益的估价方法,另一种是基于成本的估价方法。

一、基于成本的估价方法

生产活动产生的残余物直接排放到环境之中,会对环境造成伤害,为了避免这种有害的残余物对环境的伤害,一般采取两种措施:一种是事前预防,即事前尽量避免产生有害残余物,或产生了残余物后立即进行处理;另一种是事后治理,即是指残余物已被排放到环境中,为了降低环境中残余物的数量及其危害程度,需要通过治理来处理。无论是事前预防还是事后治理都需要一定的投入,由此而产生了治理成本。事前预防的成本称为避免成本,事后治理的成本称为修复成本。对于事前预防的成本(防治费)在传统GDP中已有统计,这里着重探讨修复成本的估算方法。在以成本为基础的估算环境损失价值的方法中,估算维护成本是最常用的手段。维护成本估价法的立足点是:在经济活动中使其环境质量下降,为了维护其质量不下降,需要对环境进行修复,进行修复付出的代价。常用的方法有直接市场法、生产率变动法、环境损害函数法、防护支出法、恢复费用法、人力资本法。

(一)直接市场法

直接市场法是直接运用市场价格或者影子价格对可以度量的环境质量变化的经济价值进行估算的方法。

(二)生产率变动法

该方法把自然环境当做一种传统的生产要素来看待。经济活动向自然环境排放废弃物降低了环境要素的服务功能,可以看做环境资产的生产率、产出量下降,因此可以利用减少的产出量的市场价值,计算环境损害价值。

如果产量变化对整个市场影响很小,并假定产品价格和各种要素价格相对保持不变,那么污染物造成环境价值损失量的计算公式如下:

$$M = NP \qquad\qquad (4-11)$$

式中:M—— 环境价值损失量;

N—— 产出量的变化量;

P—— 产品的市场价格。

如果因产出量的增加,影响了产品和要素的价格,引起市场价格的变化,就要根据该产品需求与供给的价格弹性,计算出该产品产量变化的价格效应。若价格变化不大,可用下面计算公式,估算污染物造成环境价值的近似损失量。

$$M = N(P_1 + P_2)/2 \qquad\qquad (4-12)$$

式中:P_1,P_2—— 产量增加前后的产品市场价格。

(三) 环境损害函数法

损害函数又称损害剂量反应关系。这种方法的思路是,当环境(或受纳体)受到污染后会造成环境伤害,如果把这些伤害用货币计量,并把各种环境(或受纳体)受伤害的货币计量影响全部加起来,就是环境受到污染后的损失费用。一般采用统计方法和物质能量守恒方法估计环境(或受纳体)影响,而描述这组环境损害及损失费用关系的函数就叫做损害函数。

(四) 防护支出法

这种方法实际上是忍受环境损失的接受赔偿意愿或是对于环境改善的支付意愿,也就是国家、各种团体、各个产业及个人在自愿基础上为消除或减少环境的有害影响而承担实际支出费用。

(五) 恢复费用法

恢复费用法常用来计算环境污染损失和生态破坏损失价值。恢复费用法是将经济活动引起的环境质量恶化的恢复(再生产)成本,作为环境恶化的成本估价。恢复费用法除了估算人类经济活动对环境资产消耗成本以外,还可以估算由于自然因素造成自然资源质量下降的成本。

(六) 人力资本法

人力资本法是估算环境污染价值,主要包括在受污染的环境中由疾病引起的医疗费开支,人们心理上的损害,或过早死亡造成的投入损失。也就是说人力资本法是通过估算环境污染对人体健康造成的损失来估计环境污染价值。

(七) 机会成本法

机会成本法常常应用于那些资源使用的社会净效益,不能直接估价的项目。如某一资源存在着多种用途,如果选择了某一种用途,这样也就失去了其他用途的机会,把失去的使用机会中能获得的最大收益,称为该资源的使用机会成本。例如某森林被划为保护区或风景游览区后,而不能进行采伐,该森林就失去了作为林业生产的机会价值,这种价值被称为机会成本。机会成本法还适用于对具有唯一性特征或不可逆特征的环境资源的估价。

(八) 影子工程法

影子工程法是恢复费用法的一种特殊形式,又称等效益相关替代法。当由于发展规划要求目前某种生态环境转变成其他环境,那么原生态环境将永远失去,同样也会失去原生态环境的功能价值。失去原生态环境的功能价值又如何估算于是有研究者提出了影子工程法,其方法是借助于能够提供类似功能的替代(或影子) 工程所需费用来估算失去的生态环境的价值。如某个森林消失后,也就失去了森林涵养水量的功能价值。我们就把森林生态系统视同一个调蓄水量水库的影子工程,将森林调蓄的水量换算成需要储蓄这么多水量的水利工程所需的工程费用乘以效益与投入的比值,就可估算某个森林消失后失去涵养水量的功能价值。

二、基于损害／受益的估价方法

基于成本途径估价的不是生态环境提供的正价值、正效益,而是人类为了获得正效益而必须支付的费用,估算出的价值量也只能代表环境价值的一部分,并不能反映环境问题的严重性。如在预防或治理环境污染的效果相同的条件下,防护费用法得出的应该是费用最低的那种方式所需的费用。影子工程法和恢复费用法都有一个相似的假设,即影子工程或被恢复的生态环境系统要具有原生态环境系统完全相同的环境功能,这在实际中难以做到。直接市场法所采用的是有关劳务和商品的价格,而不是消费者相应的接受赔偿意愿(WAC) 或支付意愿(WTP),因为它不能反映消费者在受到环境影响时所得到或所失去的消费者剩余,也就不能充分度量环境资源的价值。由此就产生了环境退化估计的第二种方法,即基于损害／受益的估价方法。这就是评估避免环境恶化能带来的好处,或环境恶化会带来的损害的估价方法。这种定价技术建立在对一个遭受污染(或滥用) 环境影响的单位(或个人),他们愿意付出多少支出以摆脱这种影响的估计基础上。这样估算出的价格可理解为环境服务的价格,或环境质量的价格。基于损害法的核心概念就是"受赔偿意愿"或"支付意愿",因此,这是一种带有主观意识的评估方法。主观评估方法有两种表现形式:第一种是直接观察法,就是事实已经表明,无需再问的方法,这种方法被称为"揭示偏好法"。这种方法评估环境污染损失,就是用的环境造成经济损害的市场估价进行的,而不管受体愿不愿意。第二种是调查法,通过问卷调查的形式直接询问受体的支付意愿,这种方法被称为"陈述偏好法"。

（一）揭示偏好法

揭示偏好法是通过其他事物中所蕴涵的有关信息,以此获得接受赔偿意愿或支付意愿的估价。它是通过考察与环境联系紧密的市场中,人们获得的利益或他们所支付的价格,间接推断出人们对环境的偏好和接受赔偿意愿或支付意愿,以此来评估环境质量变化的经济价值。

1. 旅行费用法

旅行费用法评价生态环境服务的价值,是通过评估消费者从生态环境功能中得到的收益(或福利)得到的,或是以游客的支付意愿(旅行费用)来评价生态环境服务的价值。一般而言,旅行的主要费用包括去旅游景点的交通费、住宿费和门票等的直接花费以及旅游者的时间机会成本,并以此来评估某处生态环境服务的价值。

2. 资产价值法(享乐定价法)

该方法假设商品的市场价值由各种影响因素决定,不仅把环境质量看作是影响资产价值的因素,如空气质量、房屋周边的风景等,而且也把非环境因素看作是影响资产价值的因素,如房屋的质量、面积大小等。该方法在影响资产价值的其他因素不变时,用环境质量变化引起资产价值的变化量来估计环境污染的经济损失或改善造成的经济收益。也就是说在其他因素不变的情况下,资产价格的变化是由生态环境的变化引起的,即生态质量的变化影响着资产的未来收益。此方法的应用依赖于大量的消费者个人的社会经济资料、资产特性数据和生态环境信息,还对市场设有大量的假设条件,然后根据这些因素对商品的价值建立多元模型,分析各种因素与价值的关系,计算结果的可靠程度取决于这些数据资料的完整性和准确性。资产价值法(享乐定价法)的定价模型如下:

$$K = f(X_1, X_2, X_3, \cdots, X_n) \qquad (4-13)$$

式中:K 为商品的价格;

$X_1, X_2, X_3, \cdots, X_n$ 表示各种环境因素。

揭示偏好法有别于通过直接调查而获得的偏好,而是通过观察人们的市场行为来估计人们对环境"表现出来的偏好"。这里对环境物品的隐含价格是以实际行动为基础的,通常能大致反映出消费者对这些环境物品的支付意愿。

(二) 陈述偏好法

某些生态服务价值,人们不能以市场价格来显示他们的支付意愿,因为这些生态服务并不在市场上交易,也不与任何市场货物存在紧密的联系。在这种情况下,为了评估某些生态服务价值,人们采用陈述偏好法,即采用调查方式,通过直接询问人们在一定假设情况下的支付意愿来评估生态服务的价值。陈述偏好法中常采用条件估价(价值)法和联合分析法两种方法。

1. 条件估价(价值) 法

条件估价(价值) 法是一种直接估价法,以调查问卷为工具,直接询问被调查者,通过其对于环境质量改善的支付意愿或忍受环境损失的受偿意愿来推导出环境的价值。该方法可通过合理地设计调查问卷、科学地选择样本,使评估的结果更准确些。

2. 联合分析法

该方法是一种间接的估价法,它给出假定的具有不同特性的两组环境服务并标上不同的价格,让被调查者进行选择,并不直接询问被调查者愿意支付的具体金额。这种方法可通过不断调整这些特性来获得更多信息,然后根据信息度确定环境服务的价值。

本研究对环境污染损失价值的估算采用直接估算方法。先将环境污染损失划分为环境污染造成的生产效益损失和环境污染造成的环境容量损失两个部分,再分别核算它们的损失价值。

(三) 环境污染造成的生产效益损失估算方法

由于环境被污染,造成了农业、工业、畜牧业、养殖业生产及其他行业生产的经济损失。这种损失包括两个方面:一是环境污染使产品产量减少;二是产品质量降低其价格因素受到影响。对环境污染造成的生产效益损失采用直接市场法进行估算。其公式如下:

$$P_t = \sum_{j=1}^{m} K_j \sum_{i=1}^{n} (M_{ij} - M_{ij}^0) + \sum_{i=1}^{n} M_{ij}(K_j - K_j^0) \quad\quad (4-14)$$

式中: P_t —— 环境污染对生产造成的损失价值;

M_{ij} —— j 产品受 i 污染影响下的产量;

M_{ij}^0—— 未受污染影响下的 j 产品的产量；

K_j—— 受污染影响下的 j 产品的市场价格；

K^0j—— 未受污染影响下的 j 产品的市场价格；

i—— 污染种类（水污染、大气污染等）；

j—— 受污染影响的产品的种类。

（四）环境污染造成的环境容量损失估算方法

环境污染对环境容量造成的损失，是指由于环境污染造成环境质量下降，由此带来的环境资产价值损失。从理念上讲，这部分损失价值应该是将环境恢复到未降级时的状态所需要的治理费。但就我国的实际情况来看，环境污染对环境容量造成的损失价值大都用虚拟治理成本来估算。这里按国家发布的"使环境质量达到国家环境标准所需的治理费"，以此核算环境污染造成的环境容量损失价值。其计算公式为：

$$D_h = \sum_{i=1}^{n} H_i (1 - n_i) M_i \qquad (4-15)$$

式中：D_h—— 环境质量损失价值；

H_i—— 第 i 种污染物的排放量；

n_i—— 第 i 种污染物的处理率；

M_i—— 第 i 种污染物的平均治理成本。

由于目前现有的国民经济环境统计中主要包括固体废物污染、水污染和大气污染等方面的数据，因此，本研究在综合绿色 GDP 环境退化成本的核算中，只估算这三种污染来核算虚拟治理成本。

1. 大气污染虚拟治理成本

由于人类活动向大气环境排放有害物质，从而造成的大气环境污染。根据修正的治理成本系数法估算大气污染虚拟治理成本。根据废气排放量、污染物排放量、污染物去除量计算污染物的进口浓度和出口浓度，其计算公式分别是：

$$L_1 = M / G \qquad (4-16)$$
$$L_2 = (M + N) / G \qquad (4-17)$$

式中：L_1—— 出口浓度；

L_2—— 进口浓度；

M—— 污染物排放量；

N —— 污染物去除量；

G —— 废气排放量。

以《大气污染物综合排放标准 GB16297—1996》中的最高允许排放浓度作为排放标准，粉尘、SO_2、烟尘的排放标准分别取 100 mg/m³、550 mg/m³ 和 120 mg/m³，那么估算各种污染物的处理效益的公式为：

$$S = (L_2 - L_1)/F \times M/(M - N) \tag{4 - 18}$$

式中：S —— 各种污染物的处理效益；

F —— 污染物排放标准。

根据处理效益的比重计算治理成本系数：

$$K = S(S_1 + S_2 + S_3 + \cdots + S_i) \tag{4 - 19}$$

式中：K —— 治理成本系数；

S_i —— 第 i 种污染物的处理效益。

用治理成本系数乘以总的治理成本（本年的运行费），再除以污染物去除量，得出各种污染物的单位治理成本。公式如下：

$$Y = (K \times R)/N \tag{4 - 20}$$

式中：Y —— 各种污染物的单位治理成本；

R —— 本年的运行费。

得到每种大气污染物的虚拟治理成本后，再将其汇总得到的成本即为大气污染总虚拟治理成本。

2. 水污染虚拟治理成本

由于人类活动产生的污染物流向水体，从而造成的水体污染。把排放至水体中的污染物进行完全消除所需要的成本叫做水污染虚拟治理成本。水污染虚拟治理成本的核算方法、计算过程与估算大气污染虚拟治理成本方法相同。水污染物的排放标准遵照我国目前实施的《污水综合排放标准 GB8978—1996》中对污染物作的排放规定。本研究选取化学需氧量（COD）、氰化物、挥发酚、石油类和氨氮最主要的五种水体中的污染物（这五种污染物的排放浓度标准为 150 mg/L、0.5 mg/L、0.5 mg/L、10 mg/L 和 30 mg/L），进行水污染虚拟治理成本核算。

3. 固体废物虚拟治理成本

固体废物按来源一般分为生活垃圾、工业固体废物和危险废物三种。由于危险废物的产生量的统计数据不健全，因此本研究只核算工业固体废物和生活垃圾（城市生活垃圾，因为环境公报中只有城市生活垃圾数据）的治理成本。

固体废物治理成本核算中实际需要计算两个指标：实际治理成本和虚拟治理成本。实际治理成本就是已对部分固体废物进行处置的费用，虚拟治理成本则是对未处置的固体废物进行处置所需要的费用。固体废物实际治理成本和虚拟治理成本的计算公式如下：

$$M = P \times W + F \times T \tag{4-21}$$

$$N = P \times (T + L) \tag{4-22}$$

式中：M—— 实际治理成本；

N—— 虚拟治理成本；

P—— 单位固体废物处置成本；

W—— 固体废物处置量；

F—— 单位固体废物贮存成本；

T—— 固体废物贮存量；

L—— 固体废物新排放量。

（五）环境污染造成的固定资产损失

各种固定资产（各类机器、仪器、房屋、各种公共建筑物和设施等）在污染物的腐蚀等不利作用下，都有可能受到不同程度的损坏。这样会造成固定资产使用寿命缩短、加速固定资产折旧、同时增加维修费用。这些就是环境污染造成的固定资产损失的经济价值。对环境污染造成的固定资产损失价值的估算，一般采用市场价值法。其公式是：

$$T_R = \sum_{i=1}^{m} P_i (K_i - K_{i0}) + \sum_{j=1}^{n} P_j (D_j - D_{j0}) \tag{4-23}$$

式中：T_R—— 环境污染对固定资产造成的损失；

P_i—— 第 i 种固定资产的总价值；

K_i—— 第 i 种固定资产受污染影响下的折旧率；

P_j—— 维修所需要的物力、人力的市场价格；

K_{i0}—— 第 i 种固定资产正常折旧率；

D_j—— 受污染影响下维修所需要的物力、人力总量；

D_{j0}—— 正常情况下维修所需要的物力、人力总量；

i—— 污染种类，如水污染、大气污染等；

j—— 受污染影响的产品种类。

在实际估算中,(1) 当某种固定资产例如建筑物受到环境污染损坏,究竟是由哪一种污染物引起,每种污染物对其伤害程度有多大,很难具体确定;(2) 在目前国家(各省)的统计中并没有各种固定资产受损的具体资料。因此,很难用公式(4 − 23)估算因环境污染造成的固定资产损失价值。一般采用徐衡等提出的环保维修开支费用占总维修开支比例的 5.2%,总维修费用占工业增加值比例的 5.5% 方法估算[220−221]。

(六) 环境污染造成的人体健康损失

由于环境污染,会给人体健康带来伤害,但是要准确估算环境污染对人体健康造成的损失的经济价值,问题就不那么简单。因为这里不仅涉及医疗费用,而且还涉及环境污染对人体健康造成的损失。这就使患病者的直接劳动产生损失,同时患病者需要陪护,那么用于陪护人员的费用也必须考虑。因此,对环境污染造成的人体健康损失的经济价值,可用人力资本法估算[222]。

$$P_H = W \sum \left[K \sum_{i=1}^n T_i(F_i - F_{i0}) + \sum_{i=1}^n Y_i(F_i - F_{i0}) + K \sum_{i=1}^n B_i(F_i - F_{i0}) \right]$$

$$(4 - 24)$$

式中:P_H—— 环境污染对人体健康造成的经济损失;

W—— 区域内的人口数;

B_i—— 第 i 种疾病患者的陪床看护人员的平均误工时间;

K—— 平均人力资本;

Y_i—— 第 i 种疾病患者的人均医疗护理费用;

T_i—— 第 i 种疾病患者的平均误工时间;

F_{i0}—— 未受污染的同类地区第 i 种疾病的发病率;

F_i—— 污染区第 i 种疾病的发病率;

i—— 污染种类,如水污染、大气污染等。

污染物造成的医疗费增加可依据卫生部门提供的资料核算;患者的误工损失可用个人劳动力价值(考虑年龄、性别、受教育程度等因素)逆行估算;非医务人员护理误工损失可依据卫生部门提供的资料,以个人劳动力价值估算。

三、生态系统服务价值具体评估方法

在综合绿色 GDP 核算体系中,除对资源和环境的价值进行估算外,还要对自然生态系统的服务效益进行核算。近 10 多年来,在生态系统服务价值以货币化进行定量研究上,国内外很多科学家一直努力探求生态系统服务价值评估技术与方法。随着生态系统服务价值研究的深入,逐渐形成了目前较为认可的三种生态系统服务价值评估技术。第一是市场评估技术。那些具有实际市场的生态系统服务(直接提供的产品,如野生药材,这些产品可在市场交易),可用市场价格评估生态系统服务的价值。第二是隐含市场评估技术。有些生态系统服务无法直接进入市场交易,也没有市场价格,但它的服务价值可通过替代品的花费估算,如森林生态系统涵养水源的价值可用修建水库的投资成本估算。第三是模拟市场评估技术。那些既没有直接市场交易和市场价格,也没有可替代产品进行换算的生态系统服务价值。一般把它们放在一种人为构造的模拟市场内,采用诸如条件价值法、联合分析法评估他们的价值[223-228]。

对生态系统服务价值的定量评估,也就是以货币化估算自然因素的效益,这是生态系统生态学领域的难点和重点。目前估算方法较多,这些方法大都建立在资源经济学、环境经济学和生态经济学的理论基础上,常用的定量评价方法有上面已提到的市场价值法、影子工程法、防护费用法、机会成本法、恢复费用法、联合分析法、旅行费用法、条件价值法等[2291-233]。上述各种评价方法都可用于不同生态系统服务价值的评价,而且每种生态系统服务价值都可以用不同的评价方法评估。然而,上述各种评价方法都有一定的局限性[233]。因此,选择哪种评价方法就显得极为重要,因为这直接关系到生态系统服务价值评估结果的正确与否及其有效性。本研究中各种具体生态服务价值评估方法如下:

(1)生态系统为人类提供食物和原材料等天然产品,采用市场价值法来估算其价值。

(2)生态系统绿色植物释放 O_2 价值用替代成本法估算,即工业上每制造 1 t O_2 的成本费乘上生态系统单位面积绿色植物释每年光合作用释放的 O_2。

(3)生态系统绿色植物吸收释放 CO_2 价值,采用每固定 1 t CO_2 的造林

成本乘上生态系统单位面积绿色植物释放 CO_2 量估算。

（4）养分积累与循环价值。根据每年植物组织从土壤中吸收和每年枯落物释放的 N、P 及 K 量，再按 N、P 及 K 分别在尿素、过磷酸钙和氯化钾 3 种化肥中的比例折算成 3 种化肥的量，然后用这 3 种化肥的生产成本估算。

（5）涵养水源功能价值用影子工程（或影子价格）法评估。将生态系统涵养水源功能视同为一个调蓄水量水库的影子工程，用修建调蓄相同水量的水利工程的工程费用乘以效益与投入的比值求得涵养水源的功能价值。

（6）改善水质功能价值。先把改善水质功能相当于自来水厂对饮用水的预先处理，然后把改善水质的量与自来水厂预先处理 1 m^3 饮用水所需要的费用相乘求得。

（7）生态系统净化功能价值用恢复成本法估算。用生态系统净化某种污染物量乘上治理这种污染物的单位恢复成本，就可求得净化这种污染物的功能价值。将净化各种污染物的功能价值相加可得到生态系统净化功能总价值。

（8）生态系统除尘价值用垃圾填埋投资成本估算。即生态系统除尘量乘上填埋 1 t 垃圾投资成本。

（9）保持土壤的价值从 3 个方面来估算。① 减少土地废弃面积价值。若是耕地用净现值法估算其价值，若是耕地以外的土地采用占用法估算其价值。② 随径流流失的营养物质价值。按前面已述的营养物质积累的评估方法求其经济价值。③ 减少泥沙淤积价值。用人工或机械疏通河道泥沙工程费计算。三者之和即是保持土壤功能的价值。

（10）生态系统除调节小气候价值。①降温效应价值，首先假设某生态系统的降温作用同人们常利用空调降温的效果是一样的，于是生态系统的降温作用可用"等效应替代法"评估。先求出生态系统所能影响空间及其下降温度数值，然后用空调使这么大的空间降低这么多温度所耗电能价值替代生态系统的降温价值。②增湿效应价值也用"等效应替代法"估算。生态系统提供的水气因蒸发而来。水分蒸发是一个耗能过程，把它等同于用煤作燃料烧开水时水变成水气的耗能过程。这样，可先求得某生态系统比周围环境多提供的水气量，根据蒸发潜热系数计算得出蒸发这些水气量需要的热能，用这热能除以 1 t 标准煤热值，可得到多少吨标准煤，这些煤的开采成本就可作为增湿效应价值。

（11）自然生态系统生物多样性保护服务价值。若有物种保护基准价就按这个标准估算，若没有就采用 Costanza 等研究给出的生物栖息地单位价值评估标准估算。

（12）生态系统游憩价值用旅行费用法评估。

（13）生态系统文化教育价值采用条件价值法估算。

由于生态系统的服务具有外部性和无偿性、公共物品属性以及其他因素，所以它对市场规律比较敏感，市场也不能准确反映甚至完全忽略了环境服务的价值，因此很难正确评估生态系统的服务价值。因此，本研究估算生态系统服务价值时按照下述原则进行评估。

第一，能够获得必要的统计数据。提供的数据必须是真实、有效的，这样才能确保评估结果正确有效。若相关的统计数据不健全，其评估结果可能会产生偏差而难以获得政府和公众的认可。因此，在选择评估方法之前，一方面要搜集生态系统物质量和服务相关的生态过程的定量化数据；另一方面还需要搜集相关的环境、社会经济数据，为评价方法的应用效果提供分析基础。

第二，具有制度保障和技术保障。从目前有关这方面的研究成果来看，还没有形成一套完整的、普遍认可的生态系统价值估算的技术规范。在技术选择时尽量采用目前较为成熟的、大多数人采用的技术方法以保障评估方法的可行性。在选择评估方法时，应选择在现行制度下能够有效反映消费者经济行为的方法估算，因为只有在完善的制度下才有可能保障评估结果趋向真实可靠。

第 5 章　湖南省经济生产资源
资产价值核算账户

　　资源资产核算的目的是为了反映与经济活动有关的资源资产数量增减变化。由于在资源资产数量变化中有些资源资产没有参加国民经济的生产核算和收入分配核算，综合绿色 GDP 核算体系就是要把与经济活动有关的、没有纳入国民经济的生产核算的资源量及其货币价值纳入核算体系进行核算。

第一节　湖南省资源资产实物量核算

　　在本研究的资源资产实物核算中，与经济活动有关的自然资源分为四大部分：一是土地资源，包括耕地、林地、草地、湿地和建设用地面积；二是经济生产过程中消耗的能源资源量，包括煤、石油、天然气；三是各产业消耗的水资源量；四是野生生物资源。本研究只核算野生的水产品（不包括人工喂养的）实物量（由于很难获得其他野生植物、动物数据）。其基础数据来自湖南省统计年鉴和林业部门的统计资料[234-243]。

一、湖南省土地资源实物量核算

　　从表 5-1 中看出，湖南省耕地面积除 2004 和 2005 年没有变化，2006 年比 2005 年减少 2.8×10^4 hm² 外，2007 年后都略有增加。这些增加的耕地面积并不是新开创的土地，而是原来的荒废耕地又重新作耕地用 [20 世纪 90 年代，由于农村劳动力（大部分是青壮劳力）到沿海经济发达地区打工，使得一些耕地荒废了。后来由于国家对农业采取扶持、奖励政策，在外打工的劳力有许多返乡，使那些荒废耕地又从事农作物耕种了]。但是，2013 年耕地面积仍比 2004 年减少 $0.79 \times 10^4 \ \mathrm{hm}^2$。

2004—2013 年，湖南省的林地和草地面积年末存量和流量，除 2008 年的特大冰冻灾害使森林地遭受极大破坏以及林地和草地面积减少外，其余的年份都有不同程度的增加，但增加的幅度不大。如 2013 年林地面积 $1032.24 \times 10^4 \ \mathrm{hm}^2$，仅比 2004 年（$1002.91 \times 10^4 \ \mathrm{hm}^2$）增加 2.99%，10 年平均的年均增长率还不到 0.3%。10 年内草地面积年均增加率也只在 0.6% 左右。

2004—2013 年，湖南省的天然湿地面积（河流、湖泊和沼泽湿地）年末存量和流量整体变化平稳，稍微呈下降趋势。2013 的湿地面积 $99.26 \times 10^4 \ \mathrm{hm}^2$，比 2004 年（$102.10 \times 10^4 \ \mathrm{hm}^2$）只下降了 3.23%。长江三峡水库 2003 年 6 月开始蓄水，到 2010 年 10 月达到设计水位 175 m 开始运行。长江三峡水库蓄水后，从长江三口（藕池口、太平口、松滋口）输入到洞庭湖湿地的年均水量比蓄水前减少了 30% 左右，输入到洞庭湖湿地的泥沙量也只有蓄水前年均的 11.20%[244]。正因如此，洞庭湖湿地面积在不断萎缩。湖南省湿地面积的减少主要是洞庭湖湿地面积减少引起的。

从表 5 - 1 看出，2004 年至 2013 年湖南省建设用地（主要是城市建设用地）是在不断扩张的。2004 年为 $10.024 \times 10^4 \ \mathrm{hm}^2$，到 2013 年上升到 $15.050 \times 10^4 \ \mathrm{hm}^2$，年均增速高达 5%。这是湖南省加快城市建设的结果。城市建设用地大都是由耕地和林地转变的，耕地和林地一旦转变为建设用地后就失去了种植作物生产的功能，变成了非经济生产用地。

表 5 - 1　**2004—2013 年湖南省的土地资源的实物量核算**

年份	耕地（$10^4 \ \mathrm{hm}^2$）		草地（$10^4 \ \mathrm{hm}^2$）		林地（$10^4 \ \mathrm{hm}^2$）		湿地（$10^4 \ \mathrm{hm}^2$）		建设用地（$10^4 \ \mathrm{hm}^2$）	
	年末存量	当年流量	年末存量	当年流量	年末存量	当年流量	年末存量	当年流量	年末存量	当年流量
2004	381.65	0	9.57	0.10	1002.91	13.20	103.10	-0.68	10.024	0.253
2005	381.65	0	9.63	0.06	1018.33	15.42	102.08	-1.02	10.370	0.346
2006	378.80	-2.8	10.35	0.72	1036.99	18.66	99.97	-2.11	10.405	0.035
2007	378.90	0.1	10.46	0.11	1049.35	12.36	98.55	-1.42	11.119	0.714
2008	378.94	0.04	9.84	-0.62	974.70	-74.65	98.10	-0.45	11.953	0.834
2009	379.07	0.13	9.93	0.09	988.16	13.46	96.87	-1.21	12.390	0.437
2010	378.85	0.78	10.02	0.09	1003.60	15.44	98.56	1.67	13.211	0.821
2011	379.59	0.74	10.15	0.13	1018.59	14.99	99.03	0.47	14.080	0.869
2012	380.53	0.94	10.12	-0.03	1029.58	10.99	100.51	1.48	14.651	0.571
2013	380.86	0.33	10.18	0.06	1032.24	2.66	99.26	-1.25	15.050	0.399

注：数据来自湖南省统计年鉴。耕地为每年农作物面积，草地为每年牛羊放牧面积，林地为森林面积，建

设用地为每年城市用地面积。

二、湖南省能源资源实物量核算

在目前进行的绿色 GDP 对矿物和能源资源的实物量核算中，大多数学者只对能源资源（煤、石油、天然气）进行核算。由于很难准确探测到矿物和能源的地下存量数据，所以国家统计的数据是每年利用能源资源量。因此，在进行能源资源实物量核算中只有每年的能源资源流量而没有每年的能源资源存量数据。

从表 5-2 中看出，从 2004 年到 2013 年的 10 年内，湖南省经济生产过程中消耗的能源资源是不断快速增加的。2013 年煤、石油、天然气的消耗量分别是 13008.42×10^4 t、1421.39×10^4 t 和 19.70×10^8 m^3，煤和石油分别比 2004 年（6040.00×10^4 t，615.79×10^4 t）增加了 115.37%、130.82%，天然气更是 2004 年（0.06×10^8 m^3）的 328.3 倍。

表 5-2　2004—2013 年湖南省消耗的能源、水产品和水资源实物量核算

年份	煤当年的流量（10^4 t）	石油当年的流量（10^4 t）	天然气当年的流量（10^8 m^3）	水产品当年流量（10^4 t）	水资源当年流量（10^4 m^3）
2004	6040.00	615.79	0.06	83.76	237938
2005	8739.29	858.04	1.00	89.61	267800
2006	9439.00	908.45	4.25	80.02	244305
2007	10277.39	1017.12	5.84	85.05	198448
2008	10169.01	935.91	8.23	89.30	193448
2009	10751.41	1042.19	10.23	98.30	179560
2010	11323.33	1145.84	11.25	99.45	189223
2011	13006.00	1234.54	14.65	100.01	181643
2012	12083.71	1302.74	17.93	110.04	186471
2013	13008.42	1421.39	19.70	116.96	190166

湖南省统计年鉴水产品数据包括野生和人工养殖的；表中数据是统计年鉴数据的 50%，即认为水产品中有一半是野生的；水资源为各行业每年各行业生产用水和生活用水（主要是城市生活用水）量。

三、湖南省其他资源实物量核算

其他资源是指生物资源和水资源。每年统计局都有记录人工培育生物

资源如人工林、农作物、人工饲养牲畜等统计数据，没有非培育的野生动、植物统计数据，但报道了对水产品资源量的数据。对于水产资源（无论是养殖的还是野生的）一般无法获得某一年存量的准确数据，统计部门只报道了水产品的当年产量（捕获量），所以只能对水产资源每年的实物流量进行核算。湖南省统计年鉴报道的水产品数据包括野生和人工养殖的，野生和人工养殖各占多少确实无法分清。基于湖南省有湘、资、沅、澧水四大河流水系和中国第二大淡水湖泊洞庭湖，有理由认为野生的水产资源较丰富。因此，本研究将统计年鉴报道的水产资源数据的一半作为野生水产资源实物量。从表 5-2 中看出，2004—2013 年，湖南省捕获的野生水产品量增长较快，2013 年捕获的野生水产品量（116.96×10^4 t）比2004 年（83.76×10^4 t）增加 39.64%。这意味着湖南省对野生水生资源的损耗在不断增加。

表 5-2 列出了研究年份内湖南省各产业每年消耗的水资源的流量数据。从中看出，湖南省各产业每年消耗的水量呈下降趋势，2013 年的耗水量（190166×10^4 t）比 2004 年（237938×10^4 t）减少 20%。这说明湖南省提高了水资源利用效率，节约了大量水源。

第二节　湖南省资源资产价值量核算

一、湖南省土地资源价值量核算

无论是耕地、林地、草地还是湿地都属于生产性土地，能为人类提供所需的物质产品，这些物质产品可在市场上直接进行交易，因而体现了土地资源的价值。各种经济活动或政府决策引导以及各种自然灾害等都能引起生产性土地资源的变化。如果生产性土地增加，意味着社会财富积累净增加，那么绿色 GDP 核算中有关账户中应增加这种财富的经济价值；如果生产性土地减少，表明原有社会财富积累净减少，那么必须从经济账户有关项目中扣除这种土地资源耗减成本。建设用地大都是由生产性土地转变成非经济生产土地，对于这种转变而引起经济价值的损失（不能直接提供人类所需的物质产品）也就是土地资源耗减成本，在综合绿色 GDP 核算中也应从经济账户有关项目中扣除。

　　本研究采用收益还原法估算湖南省耕地、林地、草地、湿地面积的增加或减少而造成的社会财富的增加的经济价值，采用占用法估算由生产性土地转变成非生产性土地（建设用地）的土地资源耗减成本的经济价值。根据 2004—2013 年每年湖南省农作物产值（$874.0000 \times 10^8 \sim 2726.7500 \times 10^8$ 元）、林业产值（$91.3069 \times 10^8 \sim 287.6706 \times 10^8$ 元）及其中间消耗值（农业 $235.1700 \times 10^8 \sim 817.1145 \times 10^8$ 元，林业 $70.5510 \times 10^8 \sim 245.1343 \times 10^8$ 元），求出每年单位耕地、林地面积净产值（农业 16738 ~ 46020 元/hm^2，林业 728 ~ 2090 元/ hm^2），然后与每年增加或减少的耕地、林地面积相乘得出每年耕地、林地资源增加或减少的价值。估算草地资源耗减成本价值时，统计数据的畜牧业产值包括了牲畜和家禽，而本研究只采用了畜牧业产值中牛、羊肉和奶产品的产值及其中间消耗值，求算出每年单位草地面积净产值，以此估算湖南省每年草地资源的增加或减少的经济价值。湿地单位面积价值是根据席宏正[245]和徐伟平[169]研究洞庭湖湿地为人类提供的纤维、木材、水产品、水资源和野生食物等物质产品的直接经济价值（不包括如净化功能、维持生物多样性等生态服务价值，生态服务价值后文有分析）的平均值（2391 元/ hm^2），以此为参数估算湖南省湿地资源增成或减少的纯效益。建设用地已失去直接提供经济产品的功能，其土地资源耗减成本的经济价值用政府建设项目征地补偿费的单价乘上建设用地面积来估算。建设用地一般由耕地、林地、荒坡地征收而来。据调查湖南省各县（市）征收单位面积耕地、林地、荒坡地价格，得出加权平均值为46875 元/ hm^2，由此估算出湖南省每年因建设用地造成的土地资源耗减成本经济价值。

　　从表 5-3 中看出，2004—2013 年湖南省的耕地、林地和草地资源经济价值除个别年份减少外（2005 年耕地资源减少经济价值 5.5370×10^8 元，林地和草地分别减少 11.3094×10^8 元和 0.0306×10^8 元），其余年份大都是增加值（耕地经济价值年增加 $0.1112 \times 10^8 \sim 4.2061 \times 10^8$ 元，林地年增加为 $0.5559 \times 10^8 \sim 2.6382 \times 10^8$ 元，草地为 $0.0019 \times 10^8 \sim 0.0309 \times 10^8$ 元）。这种增加应视为对绿色 GDP 的贡献，以反映人类保护和增加土地资源的劳动成果。

表 5 - 3 2004—2013 年湖南省经济生产的土地资源损失或增加的价值量核算（10^8 元）

年份	耕地		草地		林地		湿地		建设用地		合计
	单位面积价值/（元/hm^2）	总价值	单位面积价值/（元/hm^2）	总价值	单位面积价值/（元/hm^2）	总价值	单位面积价值/（元/hm^2）	总价值	单位面积价值/（元/hm^2）	总价值	
2004	16738	0	387	0.0039	728	0.9609	2391	-0.1626	46875	-1.8593	-1.0571
2005	18276	0	395	0.0023	793	1.2228	2391	-0.2439	46875	-1.8642	-0.8884
2006	19775	-5.5370	429	0.0309	867	1.6178	2391	-0.5045	46875	-1.6406	-6.0334
2007	23914	0.2391	454	0.0050	1098	1.3571	2391	-0.3395	46875	-3.3469	-1.7457
2008	27821	0.1112	493	-0.0306	1515	-11.3094	2391	-0.1076	46875	-3.9034	-15.2398
2009	30787	0.4002	526	0.0047	1321	1.7780	2391	-0.2893	46875	-2.0484	-0.1912
2010	35998	2.8728	569	0.0051	1550	2.3932	2391	0.3393	46875	-3.8484	1.7618
2011	41917	3.1018	592	0.0077	1760	2.6382	2391	0.1124	46875	-4.0734	1.7867
2012	44746	4.2061	623	0.0019	1894	2.0815	2391	0.3539	46875	-2.6766	3.9668
2013	46020	1.5186	647	0.0039	2090	0.5559	2391	-0.2989	46875	-1.8703	-0.0908

　　从表 5 - 3 还看出，2004—2009 年湖南省每年湿地土地资源的经济价值都减少的（年减少的经济价值为 $0.1076 \times 10^8 \sim 0.5045 \times 10^8$ 元），这一方面是因为气候的变化，更为重要的是长江三峡水库 2003 年 6 月开始蓄水，使得进入洞庭湖湿地水量显著减少，洞庭湖湿地面积不断萎缩。2010 年后，长江三峡水库达到设计水位 175 m 运行，进入洞庭湖湿地水量有所增加，湿地土地资源呈现增加，在绿色 GDP 核算中增加了绿色 GDP 值。

　　建设用地把生产性用地转变成非生产性用地而失去了它在经济生产中的直接价值。从表 5 - 3 中可知，湖南省随着城镇建设的加快，由生产性用地变为非生产性用地的速率也在加快，也就意味着生产性土地资源耗减成本在不断增加。表 5 - 3 表明，2004—2013 年湖南省因建设用地，每年损失的生产性土地资源价值为 $1.6406 \times 10^8 \sim 4.0734 \times 10^8$ 元。这种土地资源价值损失在现行的 GDP 核算中并没有体现，但在绿色 GDP 核算中应从经济账户有关项目中扣除。

将湖南省每年各类生产性土地资源净增加的经济价值和减少的经济价值相互抵消后的结果是，2004 至 2009 年，2013 年，生产性土地资源经济价值是减少的（年减少经济价值在 $0.0908 \times 10^8 \sim 15.2398 \times 10^8$ 元范围内），2010 至 2012 年是增加的，年增加幅度在 $1.7618 \times 10^8 \sim 3.9668 \times 10^8$ 元之间。

二、湖南省消耗的能源资源价值量核算

本研究采用单位资源恢复费用法估算消耗能源资源的损失价值。一是按现实经济活动中单位能源资源产品价格估算能源资源实际恢复费用，二是按经济 - 资源 - 环境绿色投入产出以及理论价格计算出能源资源理论恢复费。一般而言，在计算各类能源资源消耗的损失价值时，大都采用资源实际恢复费用和理论恢复费用的均值计算[10,119,220,233]。

2004—2013 年，每年湖南省原煤消耗量 $6040.00 \times 10^4 t \sim 13008.42 \times 10^4 t$，原煤单位资源实际恢复费用 57.29 元/t，理论费用 73.42 元/t，平均为 57.29 元/t[10,119,220,233]。由此估算原煤耗竭损失费为 $39.4774 \times 10^8 \sim 85.0230 \times 10^8$ 元（表 5-4）。

2004—2013 年，每年湖南省石油消耗量 $615.79 \times 10^4 t \sim 1421.39 \times 10^4 t$，石油单位资源恢复费，实际恢复费用 467.85 元/t，理论费用 593.22 元/t，平均为 530.54 元/t[10,119,220,233]。由此估算出石油耗竭损失费为 $32.6369 \times 10^8 \sim 75.4097 \times 10^8$ 元（表 5-4）。

2004—2013 年，每年湖南省天然气消耗量 $0.06 \times 10^8 m^3 \sim 19.70 \times 10^8 m^3$，天然气单位资源恢复费，实际恢复费用 2371.68 元/ m^3，理论费用 2588.34 元/ $m^{3[10,119,220,233]}$，平均为 2480.01 元/ $m^3 t$。由此估算出天然气耗竭损失费为 $0.0017 \times 10^8 \sim 4.8856 \times 10^8$ 元（表 5-4）。

将每年原煤、石油和天然气 3 种能源资源耗竭损失价值相加，由此得出，2004 至 2013 年每年消耗的不可再生能源的恢复费（虚拟值）为 $72.1160 \times 10^8 \sim 165.3183 \times 10^8$ 元（表 5-4）。

表 5 - 4　2004—2013 年湖南省能源资源耗竭损失价值量核算（10^8 元）

年 份	耗煤恢复费用	石油消耗恢复费用	天然气消耗恢复费用	合计
2004	39. 4774	32. 6369	0. 0017	72. 1160
2005	57. 1200	45. 5220	0. 2480.	102. 8900
2006	61. 6933	52. 0163	1. 0540	114. 7636
2007	67. 1730	53. 9618	1. 4483	122. 5831
2008	66. 4646	46. 9533	2. 0410	115. 4589
2009	70. 2712	55. 2918	2. 5370	128. 1000
2010	74. 0093	60. 7908	2. 7900	137. 5901
2011	85. 0072	65. 4967	3. 6332	154. 1371
2012	78. 9791	69. 1149	4. 4466	152. 5420
2013	85. 0230	75. 4097	4. 8856	165. 3183

三、湖南省消耗其他资源价值量核算

本研究的其他资源主要是指野生水生资源和消耗的水资源。采用收益还原法估算湖南省野生水生资源的损耗价值。2004—2013 年，每年湖南省消耗野生水生资源 83.76×10^4 t ~ 116.96×10^4 t。2004—2013 年湖南省水产品资源产值 59.96×10^8 ~ 154.95×10^8 元，中间消耗值 22.34×10^8 ~ 54.09×10^8 元（不包括人工养殖水产品）。据此估算出野生水生生物资源的损耗价值为 37.63×10^8 ~ 100.86×10^8 元。

采用恢复费用法估算消耗水资源的经济价值。消耗每 1 t 水的恢复费用为 11.5 ~ 13.5 元[10,237]，取其平均值 12.5 元／t 作估价参数，由此得出 2004—2013 年湖南省每年消耗水资源价值为 2.2245×10^8 ~ 3.3475×10^8 元（表 5 - 5）。

将与经济活动有关的损失的自然资源经济价值相加。2004—2013 年，湖南省每年在经济生产中损失的自然资源的经济价值为 113.7773×10^8 ~ 268.6462×10^8 元（表 5 - 6）。其中，能源资源损耗价值占 61.53% ~ 68.15%；野生水生资源损耗价值占 27.67% ~ 37.64%；土地资源损耗价值占 0 ~ 8.09%；水资源损耗价值占 0.88% ~ 2.22%。

表 5 – 5　湖南省消耗水产品和水资源价值量核算（10^8 元）

年份	水产品	水资源	合计
2004	37. 6300	2. 9742	40. 6042
2005	43. 8400	3. 3475	47. 1875
2006	47. 3800	3. 05385	0. 4338
2007	50. 3000	2. 48065	2. 7806
2008	55. 1300	2. 41815	7. 5481
2009	61. 3600	2. 2445	63. 6045
2010	75. 7400	2. 3653	78. 1053
2011	83. 0000	2. 2705	85. 2705
2012	91. 1000	2. 3309	93. 8309
2013	100. 8600	2. 3771	103. 2371

表 5 – 6　2004—2013 年湖南省消耗自然资源的损失价值量核算（10^8 元）

年 份	土地资源	能源资源	野生水产品资源	水资源	合计
2004	– 1. 0571	– 72. 1160	– 37. 6300	– 2. 9742	– 113. 7773
2005	– 0. 8884	– 102. 8900	– 43. 8400	– 3. 3475	– 150. 9659
2006	– 6. 0334	– 114. 7636	– 47. 3800	– 3. 0538	– 171. 2308
2007	– 1. 7457	– 122. 5831	– 50. 3000	– 2. 4806	– 177. 1094
2008	– 15. 2398	– 115. 4589	– 55. 1300	– 2. 4181	– 188. 2477
2009	– 0. 1912	– 128. 1000	– 61. 3600	– 2. 2445	– 191. 8917
2010	1. 7618	– 137. 5901	– 75. 7400	– 2. 3653	– 213. 9336
2011	1. 7867	– 154. 1371	– 83. 0000	– 2. 2705	– 237. 6209
2012	3. 9668	– 152. 5420	– 91. 1000	– 2. 3309	– 242. 0061
2013	– 0. 0908	– 165. 3183	– 100. 8600	– 2. 3771	– 268. 6462

第6章 湖南省经济生产的
环境损失核算账户

环境损失账户主要是核算经济活动过程中所形成的残余物（废水、废气、废物等）进入自然并污染自然环境，降低环境舒适性的损失价值；因污染腐蚀造成机器设备、管道设施、厂房建筑等固定资产维修费增加和使用寿命缩短的损失价值；以及由于环境污染降低了环境抵制自然灾害的功能从而造成的经济损失的账户与资源资产消耗价值核算一样，首先要建立环境污染物实物量账户，然后在环境污染物实物量的基础上，采用环境保护支出或环境退化成本对经济活动过程中给环境带来的伤害进行价值量核算。

第一节 湖南省环境受损或污染物实物量统计

经济活动过程中产生的废物主要是废水、固体废物和废气（包括生活排放的废水、废气和生活垃圾）。2004—2013 年这些数据从湖南省统计年鉴和环境统计年报表中获得。

一、湖南省废水排放实物量流量统计

从表6 – 1 中看出，2004—2013 年每年工业排放的工业废水 9.23×10^8 ～ 12.31×10^8 t。其中处理量为 6.50×10^8 ～ 8.98×10^8 t，占排放量的 70.42% ～ 73.37%；未处理量为 2.60×10^8 ～ 4.01×10^8 t，占排放量的 27.08% ～ 32.57%。生活废水排放量为 12.69×10^8 ～ 21.45×10^8 t，几乎没有进行预先处理就排放了。

从表6 – 1 中还看出，在研究的年份内湖南省对控制工业废水排放和处

理废水的技术不断提高。2013 年工业产值（31993.05 × 10⁸ 元）是 2004 年（3654.07 × 10⁸ 元）的 8.76 倍，但 2013 年排放的工业废水量（9.23 × 10⁸ t）比 2004 年（12.31 × 10⁸ t）减少 10.48%。2013 年的工业废水处理达标率（71.07%）比 2004 年（67.42%）提高 3.65 个百分点。但是，生活废水的排放量却一直增加，2013 年排放的生活废水量（21.45 × 10⁸ t）是 2004 年（12.69 × 10⁸ t）的 1.69 倍。如何控制生活废水的排放量，是湖南省环保部门今后需要考虑的问题。

表 6 - 1   湖南省废水排放实物量流量统计（10⁸t）

年 份	排放量	工业废水已处理量	未处理量	生活废水（未处理量）
2004	12.31	8.30	4.01	12.69
2005	12.24	8.98	3.26	13.32
2006	10.00	7.16	2.84	14.41
2007	10.01	6.99	3.02	12.50
2008	9.23	6.50	2.73	15.80
2009	9.60	6.77	2.83	16.40
2010	9.60	7.00	2.60	17.20
2011	9.74	7.01	2.73	18.12
2012	9.70	7.05	2.65	20.67
2013	9.23	6.56	2.67	21.45

二、湖南省固体废物实物量流量核算

表 6 - 2 列出了湖南省 2004—2013 年每年产生的固体废物量。从中看出每年工业产生的固体废物为 3268.81 × 10⁴ ~ 8486.70 × 10⁴ t。其中作资源利用量 2214.92 × 10⁴ ~ 5678.80 × 10⁴ t，已作处置的量为 309.41 × 10⁴ ~ 2214.70 × 10⁴ t，作资源利用和已处置的量占工业产生的固体废物量 77.23% ~ 93.01%，未处理量为 0.60 × 10⁴ ~ 2.01 × 10⁴ t，占工业固体废物产生量 6.99% ~ 22.77%。产生的生活垃圾量为 486.00 × 10⁴ ~ 616.83 × 10⁴ t。

从表 6 - 2 中可知，随着湖南省工业的快速发展，工业生产中产生的固体废物也不断增加。2013 年工业产生的固体废物量为 7805.68 × 10⁴ t，比

2004 年的 32.6881×10^4t 增加 138.79%，同时对固体废物的再利用和处置量也有大幅度提高。2004 年工业固体废物的再利用和处置量（2524.33×10^4t）占工业固体废物量的 77.22%；2013 年工业固体废物的再利用和处置量占该年工业固体废物量的比例高达 89.36%。也就是说工业生产中产生的固体废物量年增长率较大，而未处理的固体废物量却并没有较大的增加。与生活废水排放一样，生活垃圾产生量不断增加，2013 年产生的生活垃圾（616.83×10^4t）是 2004 年（489.00×10^4t）的 1.26 倍，而且产生的生活垃圾一般未进行预先处理。

表 6 - 2　湖南省固体废物排放实物量流量核算（10^4t）

| 年份 | 工业生产固体废物 | | | | 生活垃圾量 |
	生产量	作资源利用量	已处置量	未处理量	
2004	3268.81	2214.92	309.41	744.48	489.00
2005	3366.44	2384.95	415.09	566.40	486.00
2006	3687.68	2689.46	303.08	695.14	510.00
2007	4559.73	3428.27	421.35	710.11	511.17
2008	4216.22	3392.36	313.47	510.39	542.79
2009	5092.80	4010.40	379.80	702.60	511.94
2010	5773.35	4797.30	447.77	528.28	505.22
2011	8486.70	5678.80	2214.70	593.20	531.61
2012	8115.92	5188.28	2143.95	783.69	565.40
2013	7805.68	5010.85	1964.33	830.50	616.83

三、湖南省排放废气污染物实物量流量核算

湖南省排放的废气污染物主要是二氧化硫、烟尘和工业粉尘等物质。从表 6 - 3 中看出，2004—2013 年每年工业排放废气中的二氧化硫、烟尘和粉尘分别为 $64.13 \times 10^4 \sim 93.36 \times 10^4$t、$31.23 \times 10^4 \sim 53.88 \times 10^4$t、$29.88 \times 10^4 \sim 76.87 \times 10^4$t。生活排放废气中的二氧化硫、烟尘分别为 $15.16 \times 10^4 \sim 17.39 \times 10^4$t、$2.61 \times 10^4 \sim 10.71 \times 10^4$t。

从表 6 - 3 中看出，无论是工业排放还是生活排放废气中污染物量的年变化不断下降。2013 年工业排放废气中二氧化硫、烟尘和工业粉尘

$(64.13 \times 10^4 t、35.86 \times 10^4 t、31.17 \times 10^4 t)$ 分别比 2004 年 $(87.24 \times 10^4 t、53.07 \times 10^4 t、72.63 \times 10^4 t)$ 下降了 26.50%, 32.43% 和 57.09%。2013 年生活排放废气中二氧化硫、烟尘 $(15.26 \times 10^4 t、2.95 \times 10^4 t)$ 也分别比 2004 年 $(17.28 \times 10^4 t、10.71 \times 10^4 t)$ 下降了 12.69% 和 72.46%。从湖南省排放废气中污染物量的年变化看出，湖南省在节能减排、减少大气污染物排放量上取得了长足的进步。

表 6 - 3　湖南省排放的废气污染物的实物量流量核算 （$10^4 t$）

年份	SO$_2$		烟尘		工业粉尘
	工业排放	生活排放	工业排放	生活排放	
2004	87.24	17.28	53.07	10.71	72.63
2005	91.93	17.05	53.88	9.99	76.87
2006	93.36	16.84	49.14	8.86	73.35
2007	90.43	16.49	44.32	8.08	65.86
2008	84.01	16.53	37.77	7.44	55.47
2009	81.15	16.21	34.10	6.81	47.28
2010	80.13	17.39	31.23	6.78	38.98
2011	68.55	14.93	38.44	2.77	35.52
2012	64.50	15.16	32.55	2.61	29.88
2013	64.13	15.26	35.86	2.95	31.17

四、湖南省自然灾害的受灾面积统计

根据湖南省每年自然灾害的年报统计，2004 年至 2013 年湖南省每年遭受自然灾害面积森林火灾为 3605 ~ 17781 hm^2，水灾为 594530 ~ 5435000 hm^2。如表 6 - 4 所示，这里的受灾面积并不是说这些生产性土地面积已失去生产功能（也就是说把它作为土地资源资产的减少），而是指这些土地面积上生物质量受到损失。如森林火灾受灾面积只是使这些受灾林地的林木活蓄积量受到损失，但受灾林地仍保持生产功能；同样，遭受水灾的耕地面积只是当年的农作物受到损失，这些受灾耕地来年仍可种植农作物。因此，这种受灾面积不能作为土地资源变化进行实物量统计，而应是自然环境变化而引起的经济损失的实物量计量范畴。

表6-4　湖南每年遭受自然灾害面积（hm²）

年份	森林火灾	水灾	合计
2004	13583	1325610	1339193
2005	12931	594530	607461
2006	4989	–	4989
2007	8004	1173340	1181344
2008	17781	5435000	5452781
2009	10110	1079350	1089460
2010	4881	2011330	2016211
2011	3605	689500	693105
2012	4653	1064390	1069043
2013	2824	634180	637004

第二节　湖南省环境损失价值流量核算

环境损失价值核算包括了环境退化价值和环境损害价值核算两个部分。环境退化价值核算中主要核算工业"三废"和生活"三废"的治理成本，这里包括两种费用支出：一是经济体系为了保护环境不受损害、资源得到可持续利用投入的环保支出费，这笔费用是实际支出的，这反映了经济体系为保护资源环境所付出的代价。但是在传统 GDP 核算最终价值中没有剔除环保支出费，也就没有反映经济系统对环境损害的代价。二是为了治理未经处理排放污染物需要花费的治理成本，这一部分成本属于没有实际支出的虚拟治理成本，传统 GDP 核算并没有体现这种成本。环境损害价值核算，主要核算污染事故（或自然灾害）引起的环境（或财产）价值损失，引起肺癌、鼻炎、哮喘、肺气肿、支气管炎等对人体健康的损害，以及由于环境污染导致的固定资产折旧损失等。这些费用有些是实际支出，如肺癌、鼻炎、哮喘、肺气肿、支气管炎等与环境污染有关疾病的医治费；有些属于虚拟价值，如环境污染导致的固定资产折旧损失等。以上这些费用都未纳入现行 GDP 核算中。

一、湖南省环境退化价值流量核算

（一）湖南省各年度环保支出费
从表6-5中看出，2004—2013 年湖南省每年投入治理"三废"的投资成本（环保支出费）为 $7.5212 \times 10^8 \sim 20.0422 \times 10^8$ 元。其中治理废水、废气和固体废物的投资分别为 $2.1706 \times 10^8 \sim 7.2608 \times 10^8$ 元、$4.5656 \times 10^8 \sim 14.3636 \times 10^8$ 元和 $0.3764 \times 10^8 \sim 1.1222 \times 10^8$ 元（这些都是实际支出），分别占总投资成本的 $25.24\% \sim 58.11\%$、$5.01\% \sim 71.67\%$ 和 $1.88\% \sim 11.28\%$。

表 6-5　湖南省治理三废的投资成本（10^8 元）及比重（%）

年份	治理废水	治理废气	治理固体废物	合计
2004	2.1076	4.5656	0.8480	7.5212
	28.02	60.70	11.28	100
2005	3.5300	9.3400	0.9500	13.8200
	25.54	67.58	6.88	100
2006	4.8706	11.7441	0.4756	17.0903
	28.50	68.72	2.78	100
2007	7.2608	4.5672	0.6676	12.4956
	58.11	36.55	5.34	100
2008	5.8039	7.3366	0.6901	13.8306
	41.96	53.05	4.99	100
2009	6.6315	5.8965	0.5375	13.0655
	50.76	45.13	4.11	100
2010	5.9248	6.3845	1.1222	13.4315
	44.11	47.53	8.36	100
2011	5.0215	3.1816	0.8853	9.0884
	55.25	35.01	9.74	100
2012	4.8312	7.8513	0.4157	13.0982
	36.88	59.95	3.17	100
2013	5.3022	14.3636	0.3764	20.0422
	26.45	71.67	1.88	100

从表 6-5 中还看出，无论是治理废水、废气和固体废物的投资，还是总投资，它们的年变化都呈现上下波动的变化规律。各种投资的整体变化趋势有所不同：治理固体废物投资呈下降趋势，2004 年治理固体废物投资为 0.8480×10^8 元，2013 年为 0.3764×10^8 元，2013 年比 2004 年下降 55.62%；治理废水、废气和总投资整体呈上升趋势，2013 年治理废水、废气和总投资（5.3022×10^8 元、14.3636×10^8 元和 20.0422×10^8 元）分

别比 2004 年（ 2.1076×10^8 元、 4.5656×10^8 元和 7.5212×10^8 元）增加 151.57% 、214.60 % 和 166.48% 。

（二）湖南省各年度年治理"三废"的虚拟价值核算

采用恢复费用法（即将被污染的环境基本恢复到原来状态所需的治理费用加以衡量）评估未经处理排放污染物（固体废物、废水、废气）需要花费的治理成本，也就是用未经处理排放的各种污染物的实物量乘上治理单位污染物量的成本费求得。这一部分费用属于没有实际支出的虚拟治理成本。单位各种污染物治理恢复费用列于表 6 - 6 中。

表 6 - 6　各种污染物治理费

污染物	单位污染物 治理费/（元/t）	数据来源
工业固体废弃物	56.18	文献 10，文献 119，文献 233，文献 222
生活垃圾	56.18	文献 10，文献 119，文献 233，文献 222
工业废水	0.8	文献 119，文献 233
生活污水	1.2	文献 119，文献 233
二氧化硫	1200	《森林生态系统服务功能评估规范》（LY/ T1721 - 2008）
烟尘	8	文献 119，文献 117，文献 118，文献 120
工业粉尘	9	文献 119，文献 117，文献 118，文献 120

1. 治理工业废水恢复费

2004—2013 年，每年湖南省工业排放的废水未处理量 $0.60 \times 10^8 \sim$ 2.01×10^8 t，1 t 工业废水的治理恢复费为 0.8 元/t，由此得出湖南省每年治理工业废水的恢复费为 $0.4800 \times 10^8 \sim 1.6080 \times 10^8$ 元。

2. 治理生活废水恢复费

在研究的年份内，湖南省每年生活废水排放量 $12.69 \times 10^8 \sim 21.45 \times 10^8$ t。生活废水的治理恢复费为 1.2 元/t，那么湖南省每年治理生活废水的恢复费为 $15.0000 \times 10^8 \sim 25.7400 \times 10^8$ 元。

3. 治理工业固体废物恢复费

每年湖南省因工业生产过程产生的固体废物未处理量为 0.60×10^4 t $\sim$ 2.01×10^4 t，处置 1 t 工业固体废物费为 56.18 元，不难得出湖南省每年处理工业固体废物的费用为 $2.8674 \times 10^8 \sim 4.6657 \times 10^8$ 元。

4. 处理生活垃圾恢复费

湖南省每年产生的生活垃圾量为 $486.00 \times 10^4 \sim 616.83 \times 10^{4t}$（主要是城市生活垃圾）。处理 1 t 生活垃圾费用与处理 1 t 工业固体废物相同（56.18 元），经过计算得出南省每年处理生活垃圾的费用为 $2.7303 \times 10^8 \sim 3.4654 \times 10^8$ 元。

5. 治理废气中未处理的二氧化硫费用

表 6-7　湖南省治理三废的虚拟价值核算（10^8 元）及比重（%）

| 年份 | 固体废物 | | 废水 | | 废气 | | | 合计 |
	工业生产固体废物	生活垃圾	工业废水	生活废水	SO_2	烟尘	工业粉尘	
2004	4.1825	2.7472	1.6080	15.2280	4.1880	0.0160	0.0140	27.9837
	14.95	9.82	5.74	54.42	14.96	0.06	0.05	100
2005	3.1820	2.7303	1.0080	15.9840	3.9984	0.0150	0.0143	26.9320
	11.81	10.14	3.74	59.35	14.85	0.06	0.05	100
2006	3.9503	2.8652	0.6720	17.2920	3.8256	0.0129	0.0127	28.6307
	13.80	10.00	2.35	60.39	13.36	0.05	0.05	100
2007	3.9894	2.8718	0.8160	15.0000	3.2376	0.0111	0.0109	25.9368
	15.38	11.07	3.15	57.84	12.48	0.04	0.04	100
2008	2.8674	3.0494	0.5840	18.9600	3.2232	0.0100	0.0093	28.7033
	10.00	10.62	2.03	66.06	11.23	0.03	0.03	100
2009	3.9472	2.9866	0.6640	19.6800	2.9088	0.0082	0.0062	30.0905
	13.12	9.56	2.20	65.40	9.67	0.03	0.02	100
2010	2.9679	2.8383	0.4800	20.6400	2.8656	0.0075	0.0033	29.8026
	9.96	9.52	1.61	69.26	9.61	0.03	0.01	100
2011	3.3326	2.9866	0.5840	21.7440	2.4336	0.0047	0.0028	31.0883
	10.72	9.60	1.88	69.94	7.83	0.2	0.1	100
2012	4.4028	3.1764	0.5200	24.8040	2.3304	0.0045	0.0022	35.2403
	12.49	9.02	1.46	70.39	6.61	0.01	0.01	100
2013	4.6657	3.4654	0.5360	25.7400	2.3856	0.0049	0.0025	36.8001
	12.68	9.42	1.45	69.95	6.48	0.01	0.01	100

湖南省每年排放的废气中未处理的二氧化硫量为 $20.28 \times 10^4 \sim 37.90 \times$

10^4 t（包括生活排放废气中的二氧化硫量）。大气中二氧化硫治理恢复费用为 1200 元/t，根据未处理的二氧化硫量计算出，湖南省每年处理二氧化硫费用计 $2.3304 \times 10^8 \sim 4.1880 \times 10^8$ 元。

6. 治理废气中未处理的烟尘费用

湖南省每年排放的废气中未处理的烟尘量为 $5.64 \times 10^4 \sim 20.05 \times 10^4$ t（包括生活排放废气中的烟尘量）。单位大气中烟尘治理恢复费用为 8 元/t，将它与未处理的烟尘量相乘，由此得出湖南省每年处理烟尘费用为 $0.0045 \times 10^8 \sim 0.0160 \times 10^8$ 元。

7. 治理工业粉尘的费用

湖南省每年产生的工业粉尘 $2.48 \times 10^4 \sim 15.91 \times 10^4$ t。治理 1 t 工业粉尘恢复费用为 9 元，那么湖南省每年处理工业粉尘费用为 $0.0022 \times 10^8 \sim 0.0140 \times 10^8$ 元。

从表 6-7 中看出，工业固体废物治理恢复费的年变化虽有波动，但 2013 年工业固体废物治理恢复费（4.6657×10^8 元）比 2004 年（4.1825×10^8 元）增加 11.55%。而工业产生的废水、工业粉尘、SO_2、烟尘的治理恢复费几乎逐年在减少，2013 年工业产生的废水、工业粉尘、SO_2 和烟尘治理恢复费（0.5360×10^8 元、0.0025×10^8 元、2.3856×10^8 元和 0.0049×10^8 元）分别只有 2004 年（1.6080×10^8 元、0.0140×10^8 元、4.1880×10^8 元和 0.0160×10^8 元）的 33.33%、17.86%、56.96% 和 30.62%。但是生活垃圾和生活废水每年的治理恢复费不断上升，2013 年治理生活垃圾和生活废水所需费用（3.4654×10^8 元和 25.7400×10^8 元）比 2004 年（2.7472×10^8 元和 15.2280×10^8 元）分别增加 26.14% 和 69.03%。

将上面各种污染物的治理恢复费相加得出，湖南省每年治理"三废"的恢复费为 $25.9368 \times 10^8 \sim 36.8001 \times 10^8$ 元（表 6-7）。其中，固体废物、废水和废气治理恢复费分别占总的恢复费用的 19.48% ~ 26.45%、60.16% ~ 71.85% 和 6.50% ~ 15.07%；如果按工业产生的固体废物、生活垃圾、工业废水、生活废水、SO_2、烟尘和工业粉尘划分，它们依次占总的恢复费用的 9.96% ~ 15.38%、9.02% ~ 11.07%、1.45% ~ 5.74%、54.42% ~ 70.39%、6.48% ~ 14.96%、0.01% ~ 0.06% 和 0.01% ~ 0.05%；如果按工业产生的和生活产生的废物划分，它们分别占 17.91% ~ 36.19% 和 64.24% ~ 79.41%。从上面分析看出，对"三废"治理的恢复费主要用在生活产生废物的治理上，而生活产生的废物的治理费绝大部分消耗在生活废水的治理上。前已分析，湖南省在工业生产节能减排上，排放废物的预先处理取得了不错的成绩，使得工业产生的"三废"的治理恢复费在总的恢复费用中比例较少。同时，由于生活上原来使用的煤（对环境污染极大）逐渐被清洁能源天然气替代，因而使生活排放废气中 SO_2、烟尘量大幅度减少，其治理恢复费也大幅度减少。因此，湖南省今后应在控制生活垃圾的产生量和生活废水排放量以及预先处理生活垃圾和生活废水的技术上下工夫，只有这样才能更有效地减少环境退化成本的损失。

将湖南省每年用于治理"三废"的投资成本和未经处理排放"三废"污染物治理的虚拟价值相加就是湖南省每年的环境退化成本的损失。从表 6-8 中看出，湖南省每年损失的环境退化成本 $35.5049 \times 10^8 \sim 56.8423 \times 10^8$ 元。其中，实际支出的治理投资成本为 $7.5212 \times 10^8 \sim 20.0442 \times 10^8$ 元，占环境退化成本的 $21.18\% \sim 39.41\%$；虚拟治理成本为 $25.9836 \times 108 \sim 36.8001 \times 108$ 元，占环境退化成本的 $60.59\% \sim 78.82\%$。湖南省每年的环境退化成本中有 2/3 属于虚拟治理成本。

表 6-8　湖南省各年度环境退化成本

年份	治理投资成本		治理虚拟成本		合计	
	价值/ 10^8 元	比例/ %	价值/ 10^8 元	比例/ %	价值/ 10^8 元	比例/ %
2004	7.5212	21.18	27.9837	78.82	35.5049	100
2005	13.8200	33.90	26.9320	66.09	40.7520	100
2006	17.0903	37.38	28.6307	62.62	45.7210	100
2007	12.4956	32.51	25.9836	67.49	38.4324	100
2008	13.8302	32.52	28.7033	67.48	42.5335	100
2009	13.0655	39.41	29.0905	60.59	42.1560	100
2010	13.4315	31.07	29.8026	68.93	43.2341	100
2011	9.0884	22.67	31.0083	77.33	40.0967	100
2012	13.0982	27.10	35.2403	72.90	48.3385	100
2013	20.0442	35.26	36.8001	64.74	56.8423	100

二、湖南省环境损害价值流量核算

（一）湖南省各年度环境污染造成资产加速折旧损失价值核算

国民经济生产过程中排放的污染物污染了环境，工业固定资产因环境污染腐蚀造成使用寿命缩短。对于环境污染腐蚀造成的资产加速折旧损失价值，我们采用徐衡等[236]的维持费用法进行估算。徐衡等是这样核算污染造成资产加速折旧损失价值的，即每年资产总维修费用占当年工业增加值比例的 5.5%、由于环境污染造成资产受损的环保维修开支费用占总维修开支比例的 5.2%[220]。根据湖南省每年的工业增加值，利用徐衡等[220]的方法，核算出 2004—2013 年湖南省环境污染造成资产加速折旧损失价值（表 6-9）。从表 6-9 中看出，2004—2013 年湖南省每年环境污染造成资产加速折旧损失价值 $3.5415 \times 10^8 \sim 28.6028 \times 10^8$ 元。

表 6-9　湖南省每年环境污染造成资产加速折旧损失 （10^8 元）

年份	工业增加值	总维修费用	环保维修费用
2004	1238.29	68.1060	3.5415
2005	1629.79	89.6384	4.6612
2006	2089.06	114.8983	5.9747
2007	2853.84	156.9612	8.1620
2008	3748.80	206.1840	10.7216
2009	4225.03	232.3766	12.0836
2010	5921.04	325.6572	16.9342
2011	7911.51	435.1331	22.6269
2012	8562.88	470.9584	24.4898
2013	10001.00	550.0550	28.6028

从表 6-9 中还看出，每年湖南省环境污染造成资产加速折旧损失价值是不断上升的。这是因为环境污染造成资产加速折旧损失价值是基于每年的工业增加值估算的，湖南省每年的工业增加值不断增加，因而环境污染造成的资产加速折旧损失价值也不断增加。

（二）湖南省各年度自然灾害损失的经济价值核算

从表 6-10 看出，2004—2013 年湖南省自然灾害带来的经济价值损失

为 $80.3388 \times 10^8 \sim 262.1870 \times 10^8$ 元。其中，地质灾害损失价值（包括直接损失和治理费）为 $4.6964 \times 10^8 \sim 7.0705 \times 10^8$ 元，占自然灾害损失经济价值的 $3.60\% \sim 7.87\%$；森林火灾损失价值为 $0.0741 \times 10^8 \sim 3.1929 \times 10^8$ 元，占自然灾害损失经济价值的 $0.05\% \sim 3.687\%$；水灾损失价值为 $0 \sim 253.4804 \times 10^8$ 元，占自然灾害损失经济价值的 $0\% \sim 96.68\%$。

表 6 – 10　湖南省各年度自然灾害的经济价值损失（10^8 元）及比重（%）

年份	地质灾害		森林火灾	水灾	合计
	直接损失	治理费			
2004	4.4751	0.9517	1.0306	112.6103	119.0677
	3.76	0.80	0.86	94.58	100
2005	3.9000	0.7964	3.1929	78.9347	86.8240
	4.49	0.92	3.68	90.91	100
2006	4.7335	1.4564	0.9781	–	7.1680
	66.04	20.32	13.64	–	100
2007	3.2228	1.5777	0.1083	126.1036	131.0124
	2.46	1.21	0.08	96.25	100
2008	5.6800	1.3905	0.4266	82.3881	89.8852
	6.32	1.55	0.47	91.66	100
2009	4.3933	1.5015	0.2322	123.4817	129.6087
	3.39	1.16	0.18	95.27	100
2010	4.9843	3.6031	0.1192	253.4804	262.1870
	1.90	1.37	0.05	96.68	100
2011	2.4648	3.3717	0.0741	74.4282	80.3388
	3.07	4.20	0.09	92.64	100
2012	4.1697	3.7226	0.1142	133.2806	141.2871
	2.95	2.64	0.08	94.33	100
2013	1.6322	5.6031	0.1181	86.5271	93.8805
	1.74	5.97	0.12	92.17	100

将湖南省每年的环境损害价值和环境退化价相加就得出湖南省每年的经济环境损失价值（表 6 – 11）。从表 6 – 11 中看出，2004—2013 年湖南省每年的经济环境损失价值在 $58.8637 \times 10^8 \sim 322.3553 \times 10^8$ 元的范围内。其中，环境退化成本为 $33.1650 \times 10^8 \sim 56.8423 \times 10^8$ 元，占环境损失成本的 $13.41\% \sim 77.67\%$；环境损害成本为 $13.1437 \times 10^8 \sim 279.1212 \times 10^8$ 元，占环境损失成本的 $22.33\% \sim 86.59\%$。由此可见，在正常的情况下，湖南省每年的环境损失成本的大小，主要由环境损害成本的大小决定。

表 6 - 11　湖南省各年度环境损失价值

年份	环境退化成本		环境损害成本		合计	
	价值/ 10⁸ 元	比例/ %	价值/ 10⁸ 元	比例/ %	价值/ 10⁸ 元	比例/ %
2004	35. 5049	22. 46	122. 6092	77. 54	158. 1141	100
2005	40. 7520	30. 82	91. 4852	69. 18	132. 2322	100
2006	45. 7210	77. 67	13. 1427	22. 33	58. 8637	100
2007	38. 4324	21. 64	139. 1744	78. 36	177. 6068	100
2008	42. 5339	29. 71	100. 6068	70. 29	143. 1407	100
2009	33. 1560	18. 96	141. 6923	81. 04	174. 8483	100
2010	43. 2341	13. 41	279. 1212	86. 59	322. 3553	100
2011	40. 0967	28. 03	102. 9657	71. 97	143. 0624	100
2012	48. 3385	22. 58	165. 7769	77. 42	214. 1145	100
2013	56. 8423	31. 70	122. 4833	68. 30	179. 3256	100

第7章 湖南省自然生态系统生态
服务效益核算账户

    自然生态系统的生态服务不仅包括为人类提供食物、医药及其他工农业生产的原料，更包括生态系统与生态过程所形成及所维持的人类赖以生存的自然环境条件与效用。自然生态系统是支撑与维持地球的生命支持系统，维持着生物物种与遗传多样性、生命物质的生物地化循环与水文循环、大气化学的平衡与地区生态环境的安全稳定等。

第一节 湖南省森林生态系统生态服务效益核算

    森林是地球上物种最丰富、系统结构最复杂、功能与效益最多样的陆地最大生态系统。森林生态系统服务体现在森林对人类生产、生活与生存发展产生的直接或间接效益。

    湖南省属中亚热带湿润季风气候区，雨水充足，气候温和，水、光、热等资源丰富；土层较深厚，有机质含量较高，土壤肥力较高，较适宜森林植物生长发育。因此，湖南省是我国南方重点林区的省份之一。

    由于森林提供的木质林产品和非木质林产品等直接效益，基本上都已纳入现行的国民经济核算中，本研究将不再进行这部分直接效益核算。本研究主要是对那些未进入市场交易的，也未纳入现行的国民经济核算中的生态服务价值进行核算。在进行湖南省森林生态系统生态服务效益核算中，以国家林业局发布的《森林生态系统服务功能评估规范》（LY/ T1721 - 2008）标准为依据[246]。对森林的固碳释氧、涵养水源、营养物质循环、固土保肥、保护生物多样性、净化大气环境等 6 个方面来核算湖南省森林生态系统生态服务效益。

本研究采用的基础数据如湖南省森林面积、不同林分类型面积、不同生育阶段林分面积以及每年的活立木蓄积量等数据，来自湖南省林业厅的森林统计年报（鉴）和 2004—2013 年湖南森林资源清查数据。

一、湖南省森林生态系统生态服务实物量核算

生态效益核算首先是把生态系统无形的服务功能转化为有形、可衡量的物质量后再进行货币价值估算。这里对湖南省森林生态系统生态服务实物量进行核算。

（一）固碳释氧量

绿色植物在进行光合作用制造有机物质的同时，吸收空气中的大量 CO_2，并释放大量 O_2。绿色植物的光合作用不仅能够维持大气的化学平衡，同时森林能吸收大量 CO_2，因此，森林在应对全球气候变化中起着非常重要的作用。湖南省森林每年能吸收多少二氧化碳和释放多少氧气，是从森林每年的净生产力中推算出来的。然而林业部门提供的数据并不是林分净生产力而是活立木蓄积量。用每年增加活立木蓄积量推算净生产力，本著作采用两个步骤：一是依据有关研究[247-249]获得各种木材的密度，用加权平均求出湖南省林木的平均密度（$0.54 \ t/m^3$），求出活立木蓄积量的生物量，再根据林木树干的出材率求出树干生物量；二是因为森林生物量组成中包含了树干、树枝、叶、根四个部分，根据各种林木的树干、枝、叶、根分别占总生物量的比例[250-253]，用加权平均求出湖南省林木树干、枝、叶、根分别占总生物量的平均比例（叶、根、枝生物量分别占林木生物量的 7.25%、13.35%、16.52%），然后估算林分的每年净增加生物量。据研究，湖南省林木组织平均含碳量为 490 g/kg[254-256]，用每年净增加生物量乘上平均含碳量，就得出湖南省 2004—2013 年每年森林固定的碳素量为 $1393 \times 10^4 \sim 1616 \times 10^4 t$。根据光合作用化学方程式中绿色植物每生产干的有机物质，可释放出 $1.19 \ t \ O_2$[257]，由此得出湖南省 2004—2013 年每年森林释放的氧气量为 $4002 \times 10^4 \sim 4642 \times 10^4 t$。

（二）养分循环实物量

森林的养分循环功能分为两部分：一是林木每年从土壤中吸收的养分（N、P、K），吸收养分量的多少可从每年森林的净生产力及其林木组织的 N、P、K 含量推算出；二是林木每年通过凋落（或枯死）物的形式将养分归还给土壤，归还量的多少可由林分每年产生的凋落物量及其养分含量求得。一些学者分析了亚热带杉木、马尾松、阔叶林、柏木、国外松、杨树、三杉等主要树种植物组织的 N、P、K 含量[258-264]。根据各学者的研究成果和湖南省各种林分的生物量，加权平均后得出湖南省林木组织的平均养分含量为：N 3.68 g/kg，P 0.84 g/kg，K 0.69 g/kg。在此基础上结合林分的净生产力估算湖南省 2004—2013 年每年森林从土壤吸收 N、P、K 的养分量分别为 $104.59 \times 10^4 \sim 121.33 \times 10^4$t、$23.87 \times 10^4 \sim 27.96 \times 10^4$t、$19.61 \times 10^4 \sim 22.75 \times 10^4$t。依据湖南省主要森林类型每年产生的凋落物量及其养分含量[265-267]，然后根据各种森林面积的加权平均得出森林单位面积平均凋落物量为 2.58 t/（$hm^2 \cdot a$），其 N、P、K 含量加权平均后分别为 2.92、0.80 和 0.54 g/kg。以此求算湖南省 2004—2013 年的每年森林归还土壤的养分量：N $73.43 \times 10^4 \sim 82.44 \times 10^4$t、P $20.12 \times 10^4 \sim 22.29 \times 10^4$t、K $13.58 \times 10^4 \sim 15.25 \times 10^4$t。

（三）净化大气功能实物量

大气中污染物伴随着大气降水或通过气流运动和扩散到达森林生态系统，首先遇到的是森林冠层。这些污染物或被冠层表面束缚，或者被枝叶吸附，也有可能在枝叶表面溶解（如伴随大气降水中的污染物）。而且林地凋落物层也具有降解污染物的作用。森林通过这些作用使污染物离开对人畜产生危害的环境而转移到另一个环境，体现了森林净化污染物功能。

根据文献资料[268-269]，1 hm^2 阔叶树年均吸收二氧化硫 88.650 kg、年均滞尘量 10 110 kg、年均吸收氟量 4.650 kg；1 hm^2 针叶树年均吸收二氧化硫 215.60 kg、年均滞尘量 33 200 kg、年均吸收氟量 0.500 kg；1 hm^2 森林每年吸收氮氧化物量为 6.000 kg。根据湖南省 2004—2013 年每年森林面积、针叶树林和阔叶树林的面积，求出湖南省每年森林吸收二氧化硫 $183.97 \times 10^4 \sim 197.67 \times 10^4$t、氟 $13.8 \times 10^4 \sim 1.49 \times 10^4$t、氮氧化物 $5.85 \times 10^4 \sim 6.30 \times 10^4$t 和滞尘量 $2.741 \times 10^4 \sim 2.951 \times 10^4$t。

（四）固土保肥功能实物量

森林通过林冠对降水的截留减少了到达林地表面的水量，而且林冠的截留作用改变了雨滴的势能，从而削弱了降水对土壤的侵蚀力。此外由于凋落物层对林地的覆盖使林地免受雨水的侵蚀，更为重要的是凋落物分解后改善土壤的结构、提高土壤的入渗能力和持水特性、增强土壤团聚力和团聚稳定性，因此，森林具有良好的保持水土功能。土壤表层是土壤养分较丰富的土层，而水土流失大都在土壤的表层进行，表层土壤被径流带走的同时其养分也被带走。这意味着森林具有保持土壤的功能也就具有保持土壤肥力的功能。

一些学者对湖南省主要森林类型（杉木、马尾松、阔叶林、柏木、国外松、杨树、三杉）的单位面积土壤侵蚀量，以及单位面积裸地土壤侵蚀量进行过研究[269-271]。本著作利用他们的研究成果，用主要森林类型的单位面积土壤侵蚀量与单位面积裸地土壤侵蚀量之差，根据加权平均得出单位面积森林土壤比单位面积裸地土壤少流失土壤 35.76 t/（$hm^2 \cdot a$）。然后根据湖南省 2004—2013 年每年森林面积和单位面积多保留的土壤，求算出湖南省每年森林保持的土壤量为 $3.4855 \times 10^8 \sim 3.7525 \times 10^8$ t。

湖南省各林分（杉木、马尾松、阔叶林、柏木、国外松、杨树、三杉）地表土层平均养分含量：有机质 $30.27 \sim 48.59$ g/kg、N $1.36 \sim 2.03$ g/kg、P $0.48 \sim 0.65$ g/kg、K $13.6 \sim 21.27$ g/kg[265-277]；根据加权平均得出湖南省森林土壤地表土层平均养分含量：有机质 42.56 g/kg、N 1.72 g/kg、P 0.58 g/kg、K 19.44 g/kg。利用湖南省每年森林少流失的土壤量及其养分含量，计算得出湖南省 2004—2013 年每年森林生态系统保留的有机质 $148.34 \times 10^4 \sim 159.71 \times 10^4$ t、N $6.00 \times 10^4 \sim 6.45 \times 10^4$ t、P $2.02 \times 10^4 \sim 2.18 \times 10^4$ t、K $67.75 \times 10^4 \sim 72.95 \times 10^4$ t。

（五）涵养水源功能实物量

森林生态系统的蓄水能力与它的结构有关：一是凋落物本身巨大的吸水性能。在大气降水时能吸收许多水量，而且由于凋落物层结构疏松和粗糙，在大气降水时能阻滞地表径流的发生；二是林木作用下的土壤结构。枯落物的不断分解能改善土壤的结构，增强了土壤的入渗性能，增大非毛管孔隙度；林木根系在土壤中伸展、穿插，起到了疏松土壤的作用，使土壤层形成了纵向和横向的水分传输网络；根系逐渐死亡腐烂，在土壤中形成连续的大孔径孔隙。土壤蓄水力主要受孔径大的非毛管孔隙控制，当土壤中有大量重力水存在时，这些水可被孔径大的非毛管孔隙暂时贮存，正是这种贮存才能使森林具有"吞吐"水量的能力。

对于森林生态系统涵养水源能力（量）的估算，目前有两种方法：一是根据单位面积森林某一深度层土壤的含水量，与单位面积裸地相同深度土层含水量之差来计量出整个森林生态系统的总蓄水量。二是《森林生态系统服务功能评估规范》（LY/t1721－2008）[246]提出的用降水量减去森林的蒸散量和地表径流量（地表径流是在大气降水过程中产生的，降水停止后，地表径流也随之消失）之和余下的水量。本研究采用《森林生态系统服务功能评估规范》（LY/T1721－2008）提出的方法估算湖南省森林生态系统涵养水源功能的水量。杉木人工林年蒸散率为 75%～81%[270-271]，其他森林蒸散率在 68%～80% 之间[272]。各种林分的地表径流系数在 1%～4% 范围内[270-272]。在查询到湖南省 2004—2013 年每年的降雨量、各种森林的面积及其蒸散率和地表径流等数据基础上，求算出湖南省森林生态系统每年涵养水源量为 $308.11 \times 10^8 \sim 379.23 \times 10^8$ m^3。

森林生态系统为生物物种提供生存与繁衍的场所，从而体现了森林生态系统生物多样性保护的功能。对于森林生态系统生物多样性保护的功能的量化，到目前为止，还没有一个大家认可且又切实可行的方法。而在估算它的功能价值时，应用较多的是 Shannon-Wiener 指数法和物种保护基准价法，这些后文将再分析。

从表 7－1 中看出，湖南省森林生态系统生态服务实物量从 2004 至 2007 年是逐渐增加的，2008 年减少许多，2009 年至 2013 年又逐年增加。这是因为 2004 至 2007 年森林面积不断增加，2008 年南方的冰冻灾害使湖南省森林面积比 2007 年减少 74.65×10^4 hm^2，森林活立木蓄积量比 2007 年减少 $3649.32 \times 10^4 m^3$。2009 年至 2013 年森林面积又逐年增加，所以才导致湖南省森林生态系统生态服务实物量出现这种年变化规律。仔细观察表 7－1，不难看出，除 2008 年森林生态系统生态服务实物量偏少外，其余年份的变化不大，说明一个发育健全、结构良好的生态系统除非受到外力的冲击，否则能提供较为稳定的生态服务功能。

表 7 - 1　2004—2013 年湖南省森林生态系统生态服务实物量核算

年份	养分循环/10⁴t						净化大气/10⁴t			滞尘
	吸收养分			归还养分			吸收 SO₂	吸收 F	吸收 NₓOᵧ	
	N	P	K	N	P	K				
2004	111.10	25.36	20.83	75.56	20.63	13.96	188.22	1.42	6.02	2.820
2005	115.40	26.34	21.64	76.72	21.02	14.19	191.11	1.44	6.11	2.863
2006	115.59	26.38	21.67	78.12	21.40	14.45	195.34	1.47	6.22	2.926
2007	121.33	27.69	22.75	82.44	22.59	15.25	197.67	1.49	6.30	2.951
2008	104.59	23.87	19.61	73.43	20.12	13.58	183.64	1.38	5.85	2.741
2009	104.88	23.94	19.67	74.44	20.40	13.77	186.34	1.40	5.93	2.779
2010	106.39	24.28	19.95	75.61	20.71	13.98	189.05	1.42	6.02	2.822
2011	115.66	26.40	21.67	76.74	21.02	14.19	191.88	1.44	6.11	2.864
2012	118.09	26.96	22.14	77.56	21.25	14.34	193.95	1.45	6.18	2.895
2013	119.89	27.37	22.48	77.76	21.31	14.38	194.44	1.47	6.19	2.908

续表 7 - 1　2004—2013 年湖南省森林生态系统生态服务实物量核算

年份	涵养水源/10⁸ m³	固碳释氧/10⁴t		固土保肥/10⁴t				
		固碳	释氧	固土	N	P	K	有机质
2004	347.59	1479	4377	35864	6.19	2.08	69.72	152.56
2005	329.76	1537	4415	36415	6.26	2.11	70.79	154.98
2006	325.02	1539	4423	37083	6.38	2.15	73.49	157.82
2007	379.23	1616	4642	37525	6.45	2.18	72.95	159.71
2008	308.11	1393	4002	34855	6.00	2.02	67.75	148.34
2009	322.36	1397	4013	35336	6.08	2.05	68.69	150.39
2010	312.82	1417	4071	35889	6.17	2.08	69.77	152.74
2011	348.43	1540	4425	36425	6.27	2.11	70.81	155.02
2012	340.15	1572	4518	36818	6.33	2.13	71.57	156.70
2013	349.44	1596	4587	36913	6.35	2.14	71.76	157.10

二、湖南省森林生态系统生态服务价值量核算

(一) 固碳释放 O_2 价值

1. 用生产成本法估算湖南省森林生态系统固碳功能价值

森林生态系统每固定 1 t CO_2 的中国造林成本为 251.4 ~ 305 元 (不同的地区其成本不同)[273-274], 本研究采用这些研究成果的平均值 272.65 元/t 作为估算参数, 通过公式 7 - 1 估算出 2004—2013 年湖南省森林生态系统每年固碳价值为 113.2230×10^8 ~ 131.3646×10^8 元 (见表 7 - 2)。

$$V_1 = K \times M \times N \times P_1 \qquad (7-1)$$

式中: V_1——固定 CO_2 的价值 (元);

M——净生产力 [t/ (hm² · a)];

K——林木组织含碳量 (g/kg);

N——碳转换为 CO_2 的转换系数;

P_1——固定 1 t CO_2 的造林成本 (元/t)。

表 7 - 2　湖南省森林生态系统固碳释氧服务价值核算 (10^8 元)

年份	固碳	释氧	合计
2004	120.2131	99.5329	219.7460
2005	124.9273	100.3971	225.3244
2006	125.0899	100.5790	225.6689
2007	131.3646	105.5590	236.9236
2008	113.2230	91.0054	204.2284
2009	113.5481	91.2556	204.8037
2010	115.1737	92.5745	215.7982
2011	125.1712	100.6245	225.7957
2012	127.7721	102.7393	230.5114
2013	129.7228	104.3083	234.0311

2. 释放 O_2 的价值

湖南省森林生态系统释放 O_2 的价值用生产成本法估算。工业上每制造 1 L O_2 的成本为 0.35 ~ 0.45 元[275], 1 L O_2 的重量为 1.429 kg (标准大

气压下），即每制造 1 L O_2 的成本为 244.93～314.90 元。本研究取其均值 279.92 元/t，用公式 7-2 计算出 2004—2013 年湖南省森林生态系统每年释放 O_2 的价值为 91.0054×10^8～105.5590×10^8 元（见表 7-2）。

$$V_2 = L \times M \times P_2 \tag{7-2}$$

式中：V_2——释放 O_2 的价值（元）；

L——光合作用制造 1 t 有机物质释放 O_2 量（kg/t）；

P_2——生产 1 t O_2 的成本（元/t）。

（二）固土保肥价值

1. 固土价值用人力成本法估算

根据《森林生态系统服务功能评估规范》，人工挖 I 和 II 类土每 100 m^3 需 42 个工时，每个工时 20 元计算，那么每挖 1 m^3 土的费用为 8.4 元/m^3。将森林多保持的土壤重折算成表土层的体积，然后乘上每挖 1 m^3 土的费用就得到 2004—2013 年湖南省森林生态系统每年保持土壤价值为 8.7320×10^8～9.4975×10^8 元（表 7-3）。

表 7-3 湖南省森林生态系统固土保肥服务价值核算（10^8 元）

年份	固土	保留养分			保留有机质	合计
		N	P	K		
2004	30.1258	9.2133	2.8884	28.8334	4.8819	75.9428
2005	30.5886	9.3238	2.9301	29.2746	4.9594	77.0765
2006	31.1497	9.4168	2.9843	30.3926	5.0502	78.9936
2007	31.5210	9.4975	3.0260	30.1863	5.1107	79.3415
2008	29.2782	8.7320	2.8051	28.0176	4.7469	73.5888
2009	29.6822	9.0508	2.8467	28.4070	4.8125	74.7992
2010	30.1468	9.1842	2.8884	28.8538	4.8877	75.9609
2011	30.5970	9.3342	2.9301	29.3839	4.9606	77.2058
2012	30.9271	9.4218	2.9572	29.5991	5.1044	78.0096
2013	31.0069	9.4530	2.9718	29.6770	5.0272	78.1359

2. 保留土壤肥料价值

农业部《中国农业信息网》（http://www.agri.gov.cn）发布的化肥价格中，草炭土价格为 200 元/t。草土中含 62.5% 的有机质[262-268]，由此得出 1 t 有机质价值为 320 元。用每年森林地多保留的有机质乘上每吨有机质货币价值，得出 2004—2013 年湖南省每年保留有机质价值为 $4.7469 \times 10^8 \sim 5.1107 \times 10^8$ 元。

保留土壤中 N、P、K 养分价值用生产成本法估算。首先将每年湖南省森林林地比无林地多保留的 N 和 P 在磷酸二氢铵中的比例（分别为 14.00%，15.01%），K 在氯化钾中的比例（44.83%），折算成这两种化肥量。农业部《中国农业信息网》发布的化肥价格：每吨氯化钾售价为 2980 元，每吨磷酸二氢铵售价为 3410 元，以上均按市场价格，在计算效益值时应从市场价格中扣除运输和保管成本。据生产厂家调查，每产生 1 t 氯化钾、磷酸二氢铵的平均成本费分别为 1854 元/t、2084 元/t（市场价格中包含了运输、贮存等成本费）。通过公式 7-3 估算得出湖南省森林保持土壤中 N、P、K 养分价值分别为 $8.7320 \times 10^8 \sim 9.4975 \times 10^8$ 元、$2.8051 \times 10^8 \sim 3.0260 \times 10^8$ 元、$28.0176 \times 10^8 \sim 30.1863 \times 10^8$ 元。将固土、保留有机质和 N、P、K 养分价值相加，湖南省森林每年固土保肥总价值为 $73.5798 \times 10^8 \sim 79.3415 \times 10^8$ 元（表 7-3）。

$$V_i = Q_i \times T_i \times F_i \times P_i \tag{7-3}$$

式中：V_i——保留养分价值（元）；

Q_i——保留的养分元素量（t/a）；

T_i——某种化肥量（t）；

F_i——养分元素量折算成化肥的折算系数；

P_i——生产 1 t 化肥成本（元/t）。

（三）养分循环服务价值

1. 植物吸收（保留）养分价值

如表 7-4 所示，采用保留土壤中养分价值计算的方法估算出湖南省 2004—2013 年森林生态系统每年植物吸收（保留）的养分价值分别为：N $115.6717 \times 10^8 \sim 180.5875 \times 10^8$ 元、P $33.1471 \times 10^8 \sim 38.4517 \times 10^8$ 元、K $8.1099 \times 10^8 \sim 9.4085 \times 10^8$ 元，共计 $156.9287 \times 10^8 \sim 228.4477 \times 10^8$ 元。

2. 每年从植物归还土壤的养分价值

其价值用上面相同的方法估算。利用湖南省每年的森林凋落物量及其养分元素量折算成化肥量，再用化肥的生产成本估算其养分归还价值。其价值共计 $142.8489 \times 10^8 \sim 160.3800 \times 10^8$ 元。其中：N $109.2932 \times 10^8 \sim$

122. 7036 × 10^8 元、P 27. 9369 × 10^8 ~ 31. 3696 × 10^8 元、K 5. 6161 × 10^8 ~ 6. 3068 × 10^8 元。将吸收养分和归还的养分价值相加，得出湖南省每年森林生态系统养分循环服务价值为 299. 7776 × 10^8 ~ 388. 8277 × 10^8 元。

表 7 - 4 湖南省森林生态系统养分循环功能价值核算 （10^8 元）

年份	吸收养分			归还吸收养分			合计
	N	P	K	N	P	K	
2004	165. 3612	35. 2161	8. 6144	112. 4635	28. 6478	5. 7733	356. 0763
2005	171. 7613	36. 5770	8. 9494	114. 1900	29. 1894	5. 8984	366. 5655
2006	172. 0441	36. 6326	8. 9618	116. 2738	29. 7171	5. 9759	369. 6053
2007	180. 5875	38. 4517	9. 4085	122. 7036	31. 3696	6. 3068	388. 8997
2008	155. 6717	33. 1471	8. 1099	109. 2932	27. 9396	5. 6161	339. 7776
2009	156. 1034	33. 2443	8. 1347	110. 7965	28. 3285	5. 6947	342. 5721
2010	158. 3508	33. 7162	8. 2505	112. 5379	28. 7589	5. 7815	347. 3958
2011	172. 1483	36. 6603	8. 9618	114. 2198	29. 1894	5. 8684	367. 0480
2012	175. 7651	37. 4380	9. 1562	115. 4403	29. 5088	5. 9304	373. 2388
2013	178. 4442	38. 0074	9. 2968	115. 7380	29. 5921	5. 9470	377. 0255

（四）涵养水源服务价值

评价森林涵养水源功能价值，本研究采用"影子工程价格法"，也就是"等效益相关代替法"计算。众所周知，社会上一般采用修筑水库和堤坝等工程来调蓄水量。森林生态系统能调蓄水量，就如同一个调蓄水量水库的影子工程。这样就可以将森林调蓄水量换算成要调蓄这些水量水利工程所需的费用，再除以水利工程使用的年限，就可求得森林每年涵养水源的效益价值。根据 2012 年湖南省涔天河水库工程（大型水库工程）大坝建设投资每蓄 1 m^3 水量为 25 元。水库工程寿命一般为 50 年，那么，每蓄 1 m^3 水量 1 年的工程投资为 0.5 元。于是通过公式 7 - 4 求出 2004—2013 年湖南省森林生态系统每年涵养水源的服务价值为 144. 6150 × 10^8 ~ 174. 7200 × 10^8 元（表 7 - 5）。

$$V = (P - E - C) \times K / Y \qquad (7 - 4)$$

式中：V——涵养水源价值（元）；

P ——降水量（mm/a）；

E ——蒸散量（mm/a）；

C ——地表径流量（mm/a）；

K ——水利工程投资成本（元/m^3）；

Y ——水利工程运行年限（a）。

表 7 - 5　湖南省森林生态系统涵养水源和生物多样性保护价值（10^8 元）

年份	涵养水源	生物多样性保护
2004	173.7950	641.9498
2005	164.8800	651.7312
2006	162.5100	663.6736
2007	144.6150	671.5840
2008	154.0550	623.8080
2009	161.1800	632.4224
2010	156.4100	642.3040
2011	174.2150	651.8976
2012	170.0750	658.9312
2013	174.7200	660.6336

（五）净化大气环境服务价值

采用排污费收费法或治理成本法估算森林净化大气环境服务价值。《森林生态系统服务功能评估规范》提出的各种气态污染物排污收费标准：二氧化硫为 1.200 元/kg，氟化物为 0.690 元/ kg，氮氧化物为 0.630 元/kg，一般性粉尘为 9 元/ t[10,26]。

根据湖南省森林每年单位面积净化的二氧化硫、氟化物、氮氧化物和粉尘量[266-267]和湖南省森林面积，利用公式 7 - 5：

$$V_i = M_i \times P_i \tag{7-5}$$

式中：V_i——净化第 i 种污染物的服务价值（元）；

M_i——净化第 i 种污染物量（t/a）；

P_i——第 i 种污染物排污收费标准或治理成本（元/t）；

i =1，2，3，4。

如表 7 - 6 所示，估算出 2004—2013 年湖南省森林生态系统每年净化二氧化硫价值为 22.0368 × 10^8 ~ 28.7204 × 10^8 元、净化氟化物价值为

$0.1325 \times 10^{8} \sim 0.1430 \times 10^{8}$ 元、净化氮氧化物价值为 $0.3686 \times 10^{8} \sim 0.3969 \times 10^{8}$ 元、处理粉尘价值为 $24.6690 \times 10^{8} \sim 26.3190 \times 10^{8}$ 元。以上各项相加得出湖南省森林生态系统每年净化大气环境服务价值共计 $47.6029 \times 10^{8} \sim 50.5793 \times 10^{8}$ 元。

表 7 - 6　湖南省森林生态系统净化大气环境服务价值核算（10^{8} 元）

年份	吸收 SO_2	吸收 F	吸收 N_xO_y	滞尘	合计
2004	22.5864	0.1363	0.3793	25.3800	48.4820
2005	22.9332	0.1382	0.3849	25.7670	49.2233
2006	23.4408	0.1411	0.3919	26.3340	50.3078
2007	23.7204	0.1430	0.3969	26.3190	50.5763
2008	22.0368	0.1325	0.3686	24.6690	47.2069
2009	22.3608	0.1344	0.3736	25.0110	47.8798
2010	22.6860	0.1363	0.3793	25.3980	48.5996
2011	23.0256	0.1382	0.3849	25.7760	49.3247
2012	23.2740	0.1392	0.3893	26.0550	49.8575
2013	23.3328	0.1411	0.3900	26.1720	50.0359

（六）生物多样性保护价值

前文已提到在估算森林生物多样性保护价值时，一般采用 Shannon - Wiener 指数法和物种保护基准价法。我国还没有设立物种保护基准价，因此本著作采用 Shannon - Wiener 指数法估算湖南省森林的生物多样性保护价值，如表 7 - 7。

表 7 - 7　单位面积物种损失成本分级

指数区间	损失成本/ $[(元/hm^2 \cdot a)]$
指数 < 1	3000
1 ≤ 指数 < 2	5000
2 ≤ 指数 < 3	10000
3 ≤ 指数 < 4	20000
4 ≤ 指数 < 5	30000
5 ≤ 指数 < 6	40000
指数 ≥ 6	50000

表 7 - 7 列出了 Shannon wiener 指数的等级与物种损失成本。一些学者研究[280-282]发现，针叶林的 Shannon wiener 指数等级在 1～2 之间，阔叶林的在 2～3 范围内。湖南省针叶林和阔叶林面积分别占森林总面积的78%和22%。

根据湖南省的针叶林和阔叶林面积及其指数等级和物种损失成本（表7 - 7），利用公式 7 - 6，估算出湖南省 2004—2013 年每年森林生态系统生物多样性保护价值为 515.8080×10^8 元 ～ 671.5840×10^8 元（见表 7 - 8）。

$$V = N_1 \times K_1 + N_2 \times K_2 \qquad\qquad (7-6)$$

式中：V——生物多样性保护值（元）；

N_1——针叶林面积（hm^2）；

K_1——单位面积针叶林生物物种损失成本 $[(元/hm^2 \cdot a)]$；

N_2——阔叶林面积（hm^2）；

K_2——单位面积阔叶林生物物种损失成本 $[(元/hm^2 \cdot a)]$。

表 7 - 8 列出了湖南省每年森林生态系统总的生态服务价值。从表 7 - 8 可知，2004— 2013 年湖南省每年森林生态系统总的生态服务价值 1442.6557×10^8 ～ 1574.5820×10^8 元。各种生态服务价值的大小依次是：生物多样性保护（515.8080×10^8 ～ 671.5840×10^8 元，占 41.96% ～ 43.44%）> 营养物质循环（356.0763×10^8 ～ 388.8997×10^8 元，占 23.40% ～ 24.73%）> 固碳、释氧（204.2284×10^8 ～ 236.9236×10^8 元，占 13.98% ～ 15.08%）> 涵养水源（144.6150×10^8 ～ 174.2150×10^8 元，占 9.20% ～ 11.46%）> 固土保肥（73.5888×10^8 ～ 79.3415×10^8 元，占 4.96% ～ 5.14%）> 净化大气环境（47.2069×10^8 ～ 50.5763×10^8 元，占 3.17% ～ 3.51%）。

表 7 - 8　湖南省森林生态系统生态服务价值(10^8 元)及比重(%)

年份	固碳 释氧	固土 保肥	养分 循环	净化 环境	涵养 水源	生物多样 性保护	合计
2004	219.7460	77.0765	356.0763	48.4820	173.7950	641.9498	1515.9919
	14.50	5.01	23.50	3.51	11.46	42.02	100
2005	225.3244	78.9936	366.5655	49.2233	164.8800	651.7312	1530.8009
	14.72	5.03	23.95	3.21	10.77	42.32	100

年份	固碳释氧	固土保肥	养分循环	净化环境	涵养水源	生物多样性保护	合计
2006	225.6689	79.3415	369.6053	50.3078	162.5100	663.6736	1550.7592
	14.55	5.07	23.84	3.24	10.67	42.63	100
2007	236.9236	73.5888	388.8997	50.5763	144.6150	671.5840	1571.8712
	15.08	5.05	24.73	3.21	9.20	42.73	100
2008	204.2284	74.7992	339.7776	47.2069	154.0550	623.8080	1442.6557
	14.16	5.09	23.56	3.27	10.68	43.24	100
2009	204.8037	75.9609	342.5721	47.8798	161.1800	632.4224	1463.3782
	13.98	5.11	23.40	3.28	11.01	43.22	100
2010	215.7982	77.2058	347.3958	48.5996	156.4100	642.3040	1478.4205
	14.05	5.14	23.49	3.29	10.59	43.44	100
2011	225.7957	78.0096	367.0480	49.3247	174.2150	651.8976	1545.4868
	14.61	5.00	23.75	3.19	11.27	42.18	100
2012	230.5114	78.1359	373.2388	49.8575	170.0750	658.9312	1560.6235
	14.78	5.01	23.90	3.19	10.90	42.22	100
2013	234.0311	77.0765	377.0255	50.0359	174.7200	660.6336	1574.5820
	14.86	4.96	23.95	3.17	11.10	41.96	100

第二节　湖南省湿地生态系统生态服务效益核算

　　湿地生态系统是世界上最富生物多样性的生态景观，具有维护生态安全、保护生物多样性等功能，被冠以"天然物种库"、"空气加湿器"、"天然水库"、"地球之肾"、"生物超市"等称号。因此，湿地生态系统提供的生态服务给人类带来了很多福祉。

　　对于湖南省湿地生态系统生态服务效益，由于湿地提供的产品（植物和水产品）以及水上运输和旅游等效益，基本上都已纳入现行的国民经济核算中，本研究不再进行核算。本研究主要是通过那些未进入市场交易的，也未纳入现行的国民经济核算中湿地生态系统生态服务，如固碳释氧、净化水质、蓄水功能、文化教育、调节气候、保留营养物质、营养物质循环、保持土壤、滞淤造地、保护生物多样性等，来核算湖南省湿地生态系统生态服务效益。

一、湖南省湿地生态系统生态服务实物量核算

2004—2013 年湖南省自然湿地总面积数据来自湖南省林业厅[279-280]。湖南省湿地的植物净生产力 [5.588 t／（$hm^2 \cdot a$)] 来自席宏正[245]和徐伟平[169]等人的研究成果。湖南省湿地生态系统生态服务实物量见表 7-9。

（一）固碳释氧实物量

据有关学者研究湖南省湿地植物组织含碳量为 426 ~ 482 g/kg[159,245,281,282]，取其平均值 482 g/kg，再乘上每年净增加生物量得出湖南省 2004—2013 年每年湿地固定的碳素量为 247×10^4 ~ 257×10^4 t。根据光合作用化学方程式光合作用中绿色植物每生产干的有机物质，可释放出 1.19 t O_2。由此，得出湖南省 2004—2013 年每年湿地植物光合作用时释放的氧气量为 663×10^4 ~ 687×10^4 t。

（二）净化污染物实物量

湖南省湿地污染物浓度和污染物输入、输出量数据来源于湖南省环境保护局环境监测站水质综合统计资料（主要是出入洞庭湖湿地的水质测定数据）。借助有关研究成果[283-285]的计算方法，计算出湖南省 2004—2013 年每年湿地净化的污染物量分别是：重金属（锌、铅、六价铬）为 681 t ~ 711 t，无机有害化合物（氟化物、硫化物、氰化物）为 5088 ~ 5316 t，有机污染化合物（石油类、酚类）为 1131 ~ 1182 t，净化 P 6.0375×10^4 ~ 7.1244×10^4 t，净化 N 40.0569×10^4 ~ 45.7137×10^4 t，净化 COD 151.5188×10^4 ~ 172.4069×10^4 t。

（三）植物吸收养分实物量

已有学者分析了湖南省湿地的沼泽植物、水生植物和湿地木本植物组织的 N、P、K 含量[286]。根据各种湿地植物的生物量，加权平均后得出湖

南省湿地植物组织的平均养分含量为：N 8.40 g/kg，P 0.53 g/kg，K 0.40 g/kg。以此为参数结合湖南省 2004—2013 年湿地每年的植物净生产力，计算得出湖南省湿地植物每年从土壤吸收 N $4.7082 \times 10^4 \sim 4.8500 \times 10^4$ t、P $0.2950 \times 10^4 \sim 0.3013 \times 10^4$ t、K $2.0019 \times 10^4 \sim 2.3030 \times 10^4$ t。

（四）植物归还土壤的养分量

依据湖南省湿地类型每年产生的凋落物量及其养分含量[290]，然后根据各种湿地类型面积的加权平均得出湿地单位面积平均凋落物量和 N、P、K 含量，以此求算出湖南省 2004—2013 年的每年湿地归还土壤的养分量：N $3.0421 \times 10^4 \sim 3.1525 \times 10^4$ t、P $0.1829 \times 10^4 \sim 0.1891 \times 10^4$ t、K $1.2412 \times 10^4 \sim 1.4278 \times 10^4$ t。

（五）保持土壤实物量。

由于没有湿地保持水土的研究资料，本研究主要采用出入洞庭湖湿地的泥沙量进行湿地保持土壤量核算。历年输入洞庭湖湿地泥水沙（湘、资、沅、澧四水，荆江三口输入）和从城陵矶输出的泥沙数据来自"长江泥沙公报 2000—2011"和湖南省水文水资源勘测局，以及有关文献[287]，从而得出 2004—2013 年洞庭湖湿地保持泥沙量为 $729.5 \times 10^4 \sim 1143.4 \times 10^4$ t。

（六）滞淤造地实物量

本研究利用石军南等的研究成果[288]，根据洞庭湖湿地区 1989 年、1996 年的 Landsat – TM 遥感影像和 2008 年的 CBERS – CCD 遥感影像和 1：100000 湖南洞庭湖湿地自然保护区总体规划图，分析得出从 1989 年到 2008 年，20 年内洞庭湖滩地面积增加了 15956.4 hm^2。由于没有每年的具体数据，用其年平均值（839.81 hm^2/a）作为湿地（这里指的是洞庭湖湿地）每年的滞淤造地的面积。

（七）调蓄水量实物量

虽然没有湖南省各种湿地调蓄水量的研究数据，但不少学者探讨了洞庭湖湿地的调蓄水分功能[289-291]。因此本研究只有洞庭湖湿地调蓄水量的实物量数据。根据众多学者研究，2004—2011 年洞庭湖每年调蓄水量为 $101.08 \times 10^8 \sim 144.69 \times 10^8$ m^3。

表 7 - 9 2004—2013 年湖南省湿地生态系统生态服务实物量核算

年份	面积/10⁴ hm²	净生产力/(10⁴ t/a)	固碳释氧/(10⁴ t/a)		净化污染物/t/a					
			固碳	释氧	重金属/(t/a)	无机污染物/(t/a)	有机污染物/(t/a)	P/(10⁴ t/a)	N/(10⁴ t/a)	COD/(10⁴ t/a)
2004	103.10	576.123	256	685	681	5088	1131	6.2379	40.0569	151.6821
2005	102.08	570.423	254	678	687	5139	1140	6.0375	43.4721	152.6406
2006	99.97	558.632	248	664	693	5181	1152	6.4047	41.0958	154.9926
2007	101.39	566.567	252	674	690	5160	1146	6.2628	40.1853	151.5188
2008	100.94	564.053	251	671	702	5250	1161	6.5046	41.7639	157.4103
2009	99.73	557.291	247	663	696	5205	1155	6.6447	42.6357	160.8006
2010	101.40	566.475	252	674	690	5295	1176	6.8358	43.8621	165.4254
2011	101.87	572.850	253	677	702	5250	1161	6.9270	44.4471	167.6232
2012	103.35	577.520	257	687	705	5271	1170	6.9885	44.8419	169.1205
2013	102.10	570.535	254	679	711	5316	1182	7.1244	45.7137	172.4069

续表 7 - 9 2004—2013 年湖南省湿地生态系统生态服务实物量核算

年份	吸收养分/(10⁴ t/a)			归还养分/(10⁴ t/a)			保持土壤/(10⁴ t/a)	滞淤造地/hm²	蓄水功能/(10⁸ t/a)	物种多样性
	N	P	K	N	P	K				
2004	4.8385	0.3043	2.2974	3.1450	0.1886	1.4244	926.8	839.81	131.27	湿地植物489 种,隶属于95 科278属;湿地动物5 纲39 目112 科 318属639种,有54 种国家重点保护动物物种
2005	4.7919	0.3013	2.2748	3.1147	0.1868	1.3423	1026.5	839.81	120.04	
2006	4.7269	0.2950	2.0019	3.0275	0.1829	1.2412	732.4	839.81	133.05	
2007	4.7580	0.2953	2.2298	3.0927	0.1873	1.3825	1025.2	839.81	144.69	
2008	4.7369	0.2992	2.2592	3.0789	0.1855	1.4007	854.3	839.81	110.40	
2009	4.7082	0.2979	2.2492	3.0421	0.1847	1.3945	764.9	839.81	101.08	
2010	4.7453	0.2992	2.2589	3.0922	0.1855	1.4005	824.8	839.81	144.14	
2011	4.7805	0.3005	2.2691	3.2691	0.1863	1.4068	926.8	839.81	138.59	
2012	4.8500	0.3050	2.3030	3.1525	0.1891	1.4278	1134.4	839.81	121.58	
2013	4.7913	0.3013	2.2750	3.1124	0.1873	1.4105	729.5	839.81	157.52	

(八) 物种多样性保护实物量

洞庭湖湿地位于长江中游,属于亚热带湿润季风气候区,其优越多样的湿地生态系统和水、热、光条件,孕育了极为丰富的生物多样性。它适宜于兽类、爬行类、两栖类、软体动物、鱼类及水生、湿生植物在这里繁衍，为各种野生动、植物提供了良好栖息、繁殖、生长场所。因此，湖南省湿地植物有 489 种，隶属于 95 科 278 属；湿地动物有 639 种，隶属于 5 纲 39 目 112 科 318 属，有 54 种动物属于国家重点保护物种[292－298]。

（九）降温增湿功能量

据洞庭湖区与其周边地区多年的气象资料分析，炎热季节，洞庭湖区比周边地区日平均温度低 1.2 ℃左右，洞庭湖湿地年蒸发水汽量比周边地区多 5.20×10^{8}t/a[169]。湿地具有科学文化教育功能。对于这种生态服务功能如何实物量化，目前还没有众所公认的切实可行的方法。对于它的价值评估大都采用假想（模拟）市场评估技术，这些下文有详细分析。

二、湖南省湿地生态系统生态服务价值量核算

（一）固碳释放 O$_2$ 价值

同样用生产成本法（造林成本）估算湖南省湿地生态系统固碳功能价值。根据表 7－9 中湖南省湿地的每年净生产力和固定的大气碳素量（248×10^4~2.57×10^4 t)估算出 2004—2013 年每年湖南省湿地生态系统固碳功能价值为 20.1415×10^8~20.8899×10^8 元。2004—2013 年湿地绿色植物光合作用每年释放 O$_2$ 为 663×10^4~687×10^4 t。用生产成本法估算得出湖南省湿地生态系统释放 O$_2$ 的服务价值为 15.0720×10^8~15.6178×10^8 元（见表 7－10）。

表 7－10　湖南省湿地生态系统固碳释氧服务价值核算（10^8 元）

年份	固碳	释氧	合计
2004	20.8248	15.5814	36.4062
2005	20.6286	15.4268	36.0554
2006	20.2066	15.1084	35.3150
2007	20.4669	15.3267	35.7936
2008	20.4018	15.2539	35.6557
2009	20.1415	15.0720	35.2135
2010	20.4994	15.3267	35.8261
2011	20.5645	15.3995	35.9640
2012	20.8899	15.6178	36.5077
2013	20.6295	15.4359	36.0654

（二）净化污染物价值

湿地净化污染物价值主要是净化无机污染化合物、有机污染物、重金属、N、P 和 COD 等物质的价值。采用防治成本或污水处理成本法估算其生态服务价值。国家防治成本的标准：净化 1 t 氟化物、氰化物、硫化物等无机化合物成本费为 3973 元，净化 1 t 挥发酚、石油类等有机污染物成本费为 2800 元[169]。根据湖南省湿地生态系统净化无机和有机污染化合物量（见表 7 − 9）及防治成本，估算出每年净化无机和有机污染化合物的价值分别为 $0.2025 \times 10^8 \sim 0.2103 \times 10^8$ 元和 $0.0315 \times 10^8 \sim 0.0330 \times 10^8$ 元。净化重金属的成本目前还没有一个统一标准，本研究采用污水处理成本法。湖南长沙、株洲、湘潭地区处理 1 t P，其成本费约为 2500 元。根据湖南省湿地净化重金属量（见表 7 − 9）计算得出，湖南省湿地生态系统每年净化重金属元素的服务价值为 $0.0171 \times 10^8 \sim 0.0180 \times 10^8$ 元。

对于净化水中的 N、P 和 COD 的服务价值采用污水处理成本法评估。湖南长沙、株洲、湘潭地区处理 1 t N、P 和 COD 的成本费用分别为 1500 元，2500 元和 1600 元。以此标准估算出 2004—2013 年湖南省湿地生态系统每年净化水中 N 的服务价值为 $1.5011 \times 10^8 \sim 1.7811 \times 10^8$ 元，净化水中 P 的服务价值为 $6.0087 \times 10^8 \sim 6.8741 \times 10^8$ 元，净化水中 COD 的服务价值为 $24.2493 \times 10^8 \sim 27.5856 \times 10^8$ 元。

将上面各项相加，2004—2013 年湖南省湿地生态系统每年净化污染物的生态服务价值共计 $32.0958 \times 10^8 \sim 36.4860 \times 10^8$ 元（见表 7 − 11）。

表 7 − 11　湖南省湿地生态系统净化污染物服务价值核算（10^8 元）

年份	重金属	无机污染物	有机污染物	N	P	COD	合计
2004	0.0171	0.2025	0.0315	1.5669	6.0087	24.2691	32.0958
2005	0.0171	0.2043	0.0318	1.5768	6.0708	24.4224	32.3232
2006	0.0174	0.2058	0.0324	1.5011	6.1644	24.7989	32.7200
2007	0.0174	0.2049	0.0321	1.5657	6.0279	24.2493	32.0973
2008	0.0177	0.2085	0.0324	1.6263	6.2604	25.1865	33.3318
2009	0.0174	0.2067	0.0324	1.6611	6.3984	25.7280	34.0440
2010	0.0177	0.2103	0.0330	1.7088	6.5793	26.4681	35.0172
2011	0.0177	0.2085	0.0324	1.7316	6.6669	26.8197	35.4768
2012	0.0177	0.2098	0.0327	1.7469	6.7263	27.0591	35.7925
2013	0.0180	0.2112	0.0330	1.7811	6.8571	27.5856	36.4860

（三）养分循环服务价值

采用森林生态系统的养分循环服务价值的评估方法和参数标准，评估湖南省湿地生态系统养分循环服务价值，其结果列于表 7 – 12 中。从表 7 – 12 中看出，湖南省每年湿地植物从土壤吸收的养分量：N 4.7082×10^4 ~ 4.8500×10^4 t、P 0.2950×10^4 ~ 0.3013×10^4 t、K 2.0019×10^4 ~ 2.3030×10^4 t。用化肥的生产成本估算其吸收养分价值，N 6.9660×10^8 ~ 7.2016×10^8 元、P 0.4097×10^8 ~ 0.4235×10^8 元、K 0.8279×10^8 ~ 1.0007×10^8 元。湖南省湿地每年从植物归还土壤的养分量：N 3.0421×10^4 ~ 3.2591×10^4 t、P 0.1829×10^4 ~ 0.1891×10^4 t、K 1.2412×10^4 ~ 1.4278×10^4 t。用化肥的生产成本估算其养分归还价值：N 4.5279×10^8 ~ 4.6922×10^8 元、P 0.4097×10^8 ~ 0.4235×10^8 元、K 0.8279×10^8 ~ 0.5905×10^8 元。将上面各项相加得出湖南省每年湿地生态系统养分循环服务价值（吸收和归还）为 13.6130×10^8 ~ 13.8872×10^8 元。

表 7 – 12　湖南省湿地生态系统养分循环服务价值核算（10^8 元）

年份	吸收养分			归还养分			合计
	N	P	K	N	P	K	
2004	7.2016	0.4225	1.0007	4.6810	0.2619	0.5890	14.1567
2005	7.1323	0.4198	0.9407	4.6359	0.2594	0.5551	13.9432
2006	7.0355	0.4097	0.8279	4.5730	0.2540	0.5129	13.6130
2007	7.0819	0.4101	0.9222	4.6032	0.2542	0.5717	13.8433
2008	7.0504	0.4155	0.9343	4.5827	0.2576	0.5792	13.8197
2009	6.9660	0.4130	0.9302	4.5279	0.2564	0.5767	13.6702
2010	7.0807	0.4129	0.9342	4.6025	0.2596	0.5856	13.8755
2011	7.1154	0.4173	0.9384	4.6250	0.2587	0.5818	13.9366
2012	6.9660	0.4235	0.9524	4.6922	0.2626	0.5905	13.8872
2013	7.1314	0.4184	0.9408	4.6340	0.2601	0.5833	13.9680

（四）降温增湿服务价值

1997 年，Costanza 等人提出湿地生态系统具有调节小气候的功能[38]。但是如何评估调节小气候功能的服务价值，目前还没有众所接受的评价标准和方法。本研究采用等效应替代成本法。高温季节人们利用空调降温获取舒适清凉与湿地降低温度效应是一样的。因此，湿地降温效应价值，用空调降温所耗电能价值替代进行评价。一般空间为 43.2 m^3 的民用居室（室内高度为 3 m，面积为 14.4 m^2）安装 1.5 匹空调降温。若将日平均气温 32 ℃ 调控到 25 ℃，调控 1 天（24 h）耗电 24 度左右，即每天调控温度下降 1 ℃ 耗电 3.43 度，据湖南长沙居民用电每度电价 0.58 元计算，43.2 m^3 民用居室用空调降温下降 1 ℃ 的耗电费为 1.99 元。

生态系统服务是指生态系统与生态过程所形成及所维持的人类赖以生存的自然环境条件与效用[299]。那么湿地生态系统具有调节小气候的效应，只能是对湿地区内居民区域而言，也就是说评估湿地生态系统降温服务价值只能以湿地区内居民区域面积为基础数据，而不是湿地的全部面积（评估湿地生态系统增加空气湿度服务价值也一样）。根据湿地区域内的居民区面积[288]，以 5 m 作为湿地居民区降温高度来计算居民区的降温空间。结合 43.2 m^3 民用居室用空调降温 1 ℃ 的耗电费，求算出要使居民区这么大的空间温度降 1.2 ℃ 的耗电费。一般而言，只在夏季（90 d）才使用空调，而且每天使用空调平均为 10 h 左右。依此估算出湖南省湿地生态系统每年调节大气温度服务价值为 $2.4650 \times 10^8 \sim 3.0245 \times 10^8$ 元（见表 7 - 13）。

表 7 - 13　湖南省湿地生态系统调节气候服务价值核算（10^8 元）

年份	降温	增湿	合计
2004	2.4650	0.9210	3.3860
2005	2.5391	0.9487	3.4878
2006	2.6117	0.9758	3.5875
2007	2.6948	1.0068	3.7016
2008	2.7709	1.0353	3.8062
2009	2.8334	1.0586	3.8920
2010	2.8627	1.0696	3.9323
2011	2.9281	1.0939	4.0220
2012	2.9923	1.1180	4.1103
2013	3.0245	1.1301	4.1546

湿地与其周边地区多年的气象资料分析表明，年蒸发水气量在湿地区

域比在周边地区多 $5.20 \times 10^8 t/a^{[169]}$。同样，给人们受益的区域主要在湿地的居民区，依据湿地面积和居民区面积比例估算出居民区空间增加的水气量。对于核算湿地生态系统增加空气湿度服务价值也采用等效应替代成本法。从物理学所知，水分蒸发是一个耗能过程，用煤作燃料烧开水使水变成水气也是一个耗能过程。因此，可用湿地居民区多蒸发的水气所消耗的热量（以温度为 25 ℃时，蒸发潜热能系数为 2425 J/g 来估算），折算成多少吨标准煤的热量（1 t 标准煤的热值为 $2930 \times 10^4 kJ/t$），然后根据标准煤的市场价格估算其增湿效应价值。在评价增湿效应价值时应除去雨日，湿地年均约 130 个雨日（这里是洞庭湖湿地的雨日数）。除去雨日后，湖南省湿地生态系统每年增加空气湿度服务的实际价值为 $0.9210 \times 10^8 \sim 1.1301 \times 10^8$ 元（见表 7 - 13）。将增湿和降温的服务价值相加，得出湖南省湿地生态系统每年调节气候的服务价值为 $3.3860 \times 10^8 \sim 4.1546 \times 10^8$ 元。

（五）保持土壤服务价值

湿地生态系统保持土壤服务价值采用森林生态系统保持土壤服务价值的评估方法进行评价。根据湖南省湿地生态系统每年的保持土壤量（表 7 - 9）估算出其保持土壤服务价值（列于表 7 - 14 中）。从表 7 - 14 中看出：湖南省湿地生态系统每年保持土壤服务价值为 $1.5016 \times 10^8 \sim 2.3448 \times 10^8$ 元。

表 7 - 14 湖南省湿地生态系统保持土壤服务价值核算（10^8 元）

年份	保持土壤	滞淤造地	合计
2004	1.9037	1.4697	3.3734
2005	2.1068	1.4697	3.5765
2006	1.5016	1.4697	2.9713
2007	2.1027	1.4697	3.5724
2008	1.7519	1.4697	3.2216
2009	1.5693	1.4697	3.0390
2010	1.6924	1.4697	3.1621
2011	1.9017	1.4697	3.3714
2012	2.3448	1.4697	3.8140
2013	1.7519	1.4697	3.2216

湿地生态系统除具有保持土壤服务外，还具有造地功能。当湿地以外

的一些自然生态系统的含有泥沙的径流进入湿地生态系统后，一些泥沙在湿地沉积下来，逐渐形成了新的洲滩，表现出湿地生态系统的造地功能。这些新增加的土地都以荒地的形式存在。本研究采用占用法估算湿地生态系统的滞淤造地服务价值，即用政府建设项目征地补偿费的单位面积土地单价乘上相应类型的土地面积来估算土地价值。据调查湖南省各县征收荒坡地的价格为 15 万~20 万元/ hm^2，取其平均 17.5 万元/ hm^2 作为估价参数。前文已述，由于没有每年湖南省湿地增加的面积的具体数据，本研究利用石军南等给出的 20 年内洞庭湖湿地共增加滩地面积[292]，用其年平均值（839.81 hm^2/a）作为湿地每年滞淤造地的面积。由此求得湖南省湿地生态系统每年滞淤造地服务价值为 1.4967×10^8 元。将每年滞淤造地服务价值和保持土壤服务价值相加，得出湖南省湿地生态系统每年保持土壤的服务价值为 2.9713×10^8 ~ 3.8140×10^8 元（见表 7-14）。

（六）蓄水功能服务价值

采用评价森林涵养水源功能价值的"影子工程价格法"评估湿地生态系统蓄水功能服务价值（结果列于表 7-15 中）。从表 7-15 看出，湖南省湿地生态系统蓄水能力高达 1.0108×10^8 ~ 1.4414×10^8 m^3，乘上建造调蓄 1 m^3 水的水利工程成本，得出每年湿地生态系统蓄水服务价值为 73.2450×10^8 ~ 80.0700×10^8 元。

表 7-15　湖南省湿地生态系统蓄水、生物多样性和文化教育服务价值（10^8 元）

年份	蓄水	生物多样性	文化教育
2004	65.6350	20.6860	3.9384
2005	60.0200	20.4813	3.8995
2006	66.5250	20.0580	3.8188
2007	73.2450	20.3429	3.8731
2008	76.2000	20.2526	3.8559
2009	79.0400	20.0100	3.8096
2010	80.0700	20.3449	3.8735
2011	79.2950	20.4329	3.8914
2012	79.7900	20.6759	3.9442
2013	76.2000	20.2526	3.8559

（七）物种多样性服务价值

生物多样性保护服务体现在多个方面（如繁殖、栖息等），其价值估算的技术与方法并没有得到完全的解决。大部分学者评估湿地生态系统生物多样性保护效益仅只评估湿地给生物栖息地的价值。本著作在估算湖南省湿地生态系统的生物多样性保护服务价值时，也只评估给生物栖息地的价值。本著作采用 Costanza 等[37]人给出的湿地生物栖息地单位价值评估标准 204 美元/hm^2 作为评估参数，根据湖南省湿地面积求算出湖南省湿地生态系统给生物栖息场所服务价值为 $20.0100 \times 10^8 \sim 20.6860 \times 10^8$ 元（见表 7 - 15）。

（八）文化教育服务价值

许妍等[300]在评估太湖湿地生态系统服务功能价值时，在 Costanza 等人的方法基础上，研究得出我国单位面积湿地生态系统的文化教育价值为 382 元/hm^2。本著作利用许妍等的研究成果估算出湖南省湿地的科研教育服务价值为 $3.8096 \times 10^8 \sim 3.9442 \times 10^8$ 元（见表 7 - 15）。

将湖南省自然湿地系统每年的各项生态服务价值相加，得出湖南省自然湿地系统每年的生态服务总价值（见表 7 - 16）。

从表 7 - 16 中看出，其生态服务总价值为 $173.7869 \times 10^8 \sim 198.7751 \times 10^8$ 元。各种生态服务价值大小依次是：蓄水服务价值 $60.0200 \times 10^8 \sim 80.0700 \times 10^8$ 元（占服务总价值的 34.53% ~ 40.83%），固碳释氧服务价值 $35.2135 \times 10^8 \sim 36.5077 \times 10^8$ 元（占服务总价值的 18.26% ~ 20.76%），净化污染物服务价值 $32.0958 \times 10^8 \sim 36.4880 \times 10^8$ 元（占服务总价值的 17.21% ~ 18.60%），生物多样性保护服务价值 $20.0100 \times 10^8 \sim 20.6960 \times 10^8$ 元（占服务总价值的 10.37% ~ 11.79%），养分循环服务价值 $13.6130 \times 10^8 \sim 14.1567 \times 10^8$ 元（占服务总价值的 7.08% ~ 18.06%），文化教育服务价值 $3.8096 \times 10^8 \sim 3.9442 \times 10^8$ 元（占服务总价值的 1.98% ~ 2.24%），改善气候服务价值 $3.3860 \times 10^8 \sim 4.1546 \times 10^8$ 元（占服务总价值的 1.88% ~ 2.09%），保持土壤服务价值 $2.9713 \times 10^8 \sim 3.5140 \times 10^8$ 元（占服务总价值的 1.57% ~ 2.06%）。

表 7 – 16　湖南省湿地生态系统生态服务价值（10^8 元）及比重（%）

年份	固碳释氧	净化污染物	养分循环	调节气候	保持土壤	蓄水	物种多样性	文化教育	合计
2004	36.4062	32.0958	14.1567	3.3860	3.374	65.6350	20.6860	3.9384	179.6775
	20.26	17.86	8.06	1.88	1.88	36.53	11.33	2.20	100
2005	36.0554	32.3232	13.9432	3.4878	3.5765	60.0200	20.4813	3.8995	173.7869
	20.76	18.60	8.02	2.00	2.06	34.53	11.79	2.24	100
2006	33.3150	32.7200	13.6130	3.5875	2.9713	66.5250	20.0580	3.8188	178.6186
	19.78	18.31	7.62	2.01	1.66	37.24	11.23	2.14	100
2007	35.7936	32.0973	13.8433	3.7016	3.5724	73.2450	20.3429	3.8731	186.4692
	19.20	17.21	7.42	1.99	1.92	39.28	10.91	2.08	100
2008	35.6557	33.3318	13.8197	3.8062	3.2216	76.2000	20.2526	3.8559	190.1453
	18.74	17.53	7.27	2.00	1.69	40.07	10.65	2.03	100
2009	35.2135	34.0440	13.6702	3.8920	3.0390	79.0400	20.0100	3.8096	192.7451
	18.28	17.68	7.08	2.02	1.57	41.01	10.38	1.98	100
2010	35.8261	35.0172	13.8755	3.9323	3.1621	80.0700	20.3449	3.8735	196.1016
	18.26	17.86	7.08	2.01	1.61	40.83	10.37	1.98	100
2011	35.9640	35.4768	13.9366	4.0220	3.3714	79.2950	20.4329	3.8914	196.3901
	18.31	18.07	7.10	2.05	1.72	40.37	10.40	1.98	100
2012	36.5077	35.7925	13.8872	4.1103	3.8140	79.7900	20.6759	3.9442	198.7751
	18.37	18.01	7.11	2.07	1.92	40.14	10.40	1.98	100
2013	36.0654	3648.60	13.9680	4.1546	3.2216	76.2000	20.2526	3.8559	197.2367
	18.28	18.50	7.09	2.09	1.74	39.93	10.39	1.98	100

第三节　湖南省草地生态系统生态服务价值核算

湖南省天然草地主要分布在湘西和湘南的几个山地牧场，其面积在 9 万至 10 万 hm² 之间（见表 7 – 17）。由于湖南省天然草地面积较少，且不具有独特性，因而到目前为止，还没有见到有关湖南草地生态系统的生态服务及其价值研究等成果报道。为了核算湖南省草地生态系统的生态服务价值，这里借助谢高地等人研究的成果[301]。谢高地将中国的天然草地根据其地域的分布，以及草地生产在空间上各地域的主要特点的共同性和区域间的差异性，把它分为青藏高原高寒区，蒙宁甘温带半干旱区，东南热带、亚热带湿润区，东北温带半湿润区等 7 个不同区域的草地生态系统。把草地生态系统生态服务分为营养循环、废物处理、气候管理、气体管理等 17 项。参照 Constaza 等提出的方法，在各类草地生态系统生物量的基础上修正了各项服务价格，并对各类草地生态系统的生态服务价值进行估算。湖南省天然草地在谢高地划分的 7 个不同区域的草地生态系统中属于东南热带、亚热带湿润区草地生态系统。对于东南热带、亚热带湿润区单位面积草地生态系统的生态服务价值，谢高地估算的结果是 552.7 美元/ hm^2。本著作以此作为参数估算湖南省草地生态系统的生态服务价值。

本研究涉及的价值都是用人民币衡量，因此把美元换算成人民币。根据近几年人民币兑换美元的情况，将 1 美元 = 6.6 元（人民币）。根据 2004—2013 年湖南省的草地面积（见表 7 – 17），计算得出这些年份内每年湖南省草地生态系统的生态服务价值为 $3.4910 \times 10^8 \sim 3.8156 \times 10^8$ 元（表 7 – 17）。

表 7 – 17　湖南省草地生态系统的生态服务价值

年份	面积/10^4 hm^2	单位面积服务价值/（元/ hm^2）	总服务价值/10^8元
2004	9.57	3647.82	3.4910
2005	9.63	3647.82	3.5129
2006	10.35	3647.82	3.7755
2007	10.46	3647.82	3.8156
2008	9.84	3647.82	3.5895
2009	9.93	3647.82	3.6223
2010	10.02	3647.82	3.6551
2011	10.15	3647.82	3.7025
2012	10.12	3647.82	3.6916
2013	10.18	3647.82	3.7135

将前述核算的湖南省每年的森林、湿地和草地生态系统生态服务价值相加，就得出了湖南省每年的自然生态系统生态服务总价值（表 7 – 18）。

表 7 – 18　　湖南省自然生态系统生态服务价值统计（10^8 元,%）

年份	森林		湿地		草地		合计	
	价值	比例	价值	比例	价值	比例	价值	比例
2004	1515.9919	89.22	179.6775	10.57	3.4910	0.21	1699.1604	100
2005	1530.8009	89.62	173.7869	10.17	3.5129	0.21	1708.1007	100
2006	1550.7592	89.48	178.6186	10.31	3.7755	0.21	1733.1533	100
2007	1571.8712	89.20	186.4692	10.58	3.8156	0.22	1762.1560	100
2008	1442.6557	88.16	190.1453	11.62	3.5895	0.22	1636.3905	100
2009	1463.3782	88.17	192.7451	11.61	3.6223	0.22	1659.7456	100
2010	1478.4205	88.10	196.1016	11.69	3.6551	0.21	1678.1772	100
2011	1545.4868	88.54	196.3901	11.25	3.7025	0.21	1745.5794	100
2012	1560.6235	88.52	198.7751	11.27	3.6916	0.21	1763.0902	100
2013	1574.5820	88.68	197.2367	11.11	3.7135	0.21	1775.5322	100

　　从表 7 – 18 中可知，2004—2013 年湖南省每年的自然生态系统生态服务总价值在 1636.3905×10^8 ~ 1775.5322×10^8 元之间。其中，森林生态系统生态服务价值（1442.6557×10^8 ~ 1574.5820×10^8 元）占据绝对地位，占总服务价值的 88.10% ~ 89.62%；其次是湿地生态系统（173.7869×10^8 ~ 198.7751×10^8 元），占总服务价值的 10.17% ~ 11.69%；草地生态系统最小（3.4910×10^8 ~ 3.8156×10^8 元），仅仅占总服务价值的 0.21% ~ 0.22%。

第 8 章　湖南省的绿色 GDP 核算和综合绿色 GDP 核算

通过建立湖南省与经济活动有关的生产资源资产价值核算账户、环境损失价值核算账户和自然生态系统生态服务效益核算账户，采用海萨尼（SAMRE）转换方法，实现资源、环境因素与经济核算体系的衔接。也就是把资源、环境核算账户与国民经济核算账户相连接，把国民经济核算账户的资源资产因素、环境因素和生态服务效益因素进行调整，调整为绿色 GDP 和综合绿色 GDP 核算体系。

第一节　湖南省绿色 GDP 核算

绿色 GDP 是在考虑了人类生产活动对环境恶化和自然资源损耗的基础上对 GDP 进行修正。绿色 GDP 的表达式为：绿色 GDP = 传统 GDP − 自然资源损耗成本 − 环境损失成本（环境退化成本和环境损害成本）。将湖南省 2004—2013 年的 GDP 和已核算的湖南省每年经济生产中的自然资源损耗成本和环境损失成本代入绿色 GDP 的表达式中，就得出了湖南省 2004—2013 年的绿色 GDP（表 8 − 1）。

从 2004—2013 年湖南省绿色 GDP 的核算结果中看出（表 8 − 1），自然资源损耗成本（$113.7773 \times 10^8 \sim 268.4642 \times 10^8$ 元）占 GDP 的 1.09% ~ 2.32%，环境退化成本（$45.5458 \times 10^8 \sim 65.6352 \times 10^8$ 元）占 GDP 的 0.27% ~0.81%，环境损害成本（$13.1427 \times 10^8 \sim 122.6092 \times 10^8$ 元）占 GDP 的 0.50% ~ 2.17%。核算后每年的绿色 GDP 为 $5360.0077 \times 10^8 \sim 24044.9353 \times 10^8$ 元，占 GDP 的 95.00% ~98.13%。

表 8 - 1　2004—2013 年湖南省绿色 GDP 核算（10^8 元,%）

年份	GDP 产值	自然资源损耗成本		环境损失成本				绿色 GDP	
		成本	占 GDP 比例	环境退化成本		环境损害成本		产值	占 GDP 比例
				成本	占 GDP 比例	成本	占 GDP 比例		
2004	5641.94	113.7773	2.02	45.5458	0.81	122.6092	2.17	5360.0077	95.00
2005	6511.34	150.9659	2.32	51.5222	0.79	91.4852	1.41	6217.3667	95.48
2006	7688.67	171.2308	2.23	56.8062	0.74	13.1427	0.17	7447.4903	96.84
2007	9439.60	177.1094	1.88	49.7044	0.53	139.1744	1.47	9073.6118	96.12
2008	11555.00	188.2477	1.63	53.0419	0.46	100.6068	0.87	11213.1036	97.04
2009	13059.70	191.8917	1.47	53.7018	0.41	141.6923	1.08	12672.4142	97.04
2010	16038.00	213.9336	1.33	53.7256	0.33	279.1212	1.74	15491.2196	96.60
2011	19635.20	237.6209	1.21	49.4182	0.25	102.6957	0.52	19245.1952	98.02
2012	22154.20	242.0061	1.09	57.2156	0.26	165.7769	0.75	21689.2014	97.90
2013	24501.70	268.4642	1.10	65.6352	0.27	122.4833	0.50	24044.9353	98.13

　　从表 8 - 1 中还看出，除 2007 年以前绿色 GDP 与 GDP 相差 4% 左右外，2007 年以后相差只有 2% ~3% 。这意味着 2007 年以后湖南经济生产过程中的自然资源损耗成本和环境损失成本相对减少。这点可从湖南省经济、环境的各指标的年变化率中看出来（表 8 - 2）。

表 8 - 2　湖南省经济、环境的各指标的年变化率（%）

年份	GDP	煤消耗量	石油消耗量	资源损耗成本	工业废水排放量	工业固体废物排放量	工业粉尘排放量	工业烟尘排放量	工业 SO_2 排放量	环境退化成本
2004	16.31	10.95	18.74	7.78	-0.26	3.76	6.17	1.93	4.76	14.57
2005	15.40	44.67	39.34	32.68	-0.57	2.98	5.84	1.52	4.70	13.12
2006	18.08	8.01	5.86	13.42	-18.30	9.54	-4.58	-8.80	2.21	10.26
2007	22.77	8.88	12.00	3.43	0.10	23.65	-10.21	-9.81	-3.14	-12.51
2008	22.40	-1.25	-7.99	6.29	-7.30	-8.54	-15.78	-14.78	-7.10	6.71
2009	12.80	5.73	11.36	1.94	4.01	20.79	-14.77	-9.72	-3.40	1.25
2010	22.80	5.32	9.95	11.47	0	13.36	-17.56	-8.42	-1.26	0.44
2011	22.43	14.86	7.74	11.07	1.46	47.00	-8.88	23.09	-14.45	-8.02
2012	12.83	-6.10	5.52	1.85	-0.42	-4.37	-15.90	-15.32	-5.91	15.78
2013	10.59	7.65	9.11	10.93	-4.85	-3.83	4.32	10.17	-0.58	14.72
年均	17.65	8.56	11.16	10.08	-2.61	10.43	-7.14	-2.95	-2.42	5.63

从表 8-2 中看出，2004—2013 年湖南省 GDP 年增长速度有 4 年在 22% 以上，这 10 年的年平均增长速率高达 17.65%。在资源消耗方面，煤和石油消耗量的年平均增长速率分别为 8.56% 和 11.16%〔虽然天然气消耗量的年增长速率较大，但每年消耗量很少，2013 年天然气消耗量还不到消耗能源总量（煤、石油和天然气）的 3%〕，其增长速率分别只有 GDP 年均增长速率的 48.50% 和 63.23%。因此，资源损耗成本年均增长速率（10.08%）比 GDP 年均增长速率少 42.89%。从环境退化成本分析，工业生产中排放的废物（或污染物），除工业固体废物排放量年均以 10.43% 的速率增长外（其增长速率也只有 GDP 的 59.09%），其余工业排放的废水、粉尘、烟尘和 SO$_2$ 排放量分别以年均 2.61%、7.14%、2.95% 和 2.42% 的速率下降。不仅如此，工业排放废物的达标率还在不断提高。根据湖南省的环境统计年鉴，工业废水排放达标率从 2004 年的 67.42% 上升到 2013 年的 71.07%；工业固体废物的资源再利用和已处置量由 2004 年的 77.23% 提高到 2013 年的 89.76%；2013 年排放的烟尘、粉尘和 SO$_2$ 达标率（分别为 80.46%、82.85% 和 79.32%），比 2004 年（分别为 92.76%、93.49% 和 91.50%）分别提高 12.30、10.64 和 12.18 个百分点。一方面是废弃物排放量不断减少，另一方面是排放的达标率不断提高，使得治理"三废"的成本减少。表 8-2 中的环境退化成本年均增长率仍有 5.63%（其增长率还不到 GDP 的 1/3），这是由于每年投入治理"三废"的投资成本（实际支出）不断增加，以及生活垃圾和生活废水每年的治理恢复费（虚拟价值）不断上升所引起的（见第 6 章的有关分析）。

从上面分析可知，湖南省绿色 GDP 占 GDP 的 95.00%～98.13%，意味着国民经济生产中的自然资源和环境损失成本所占比例不大。这主要是因为湖南省经济生产过程中在节约自然资源及其利用效率方面能力不断提高，减少了自然资源损耗成本，同时也因为在经济活动过程中严格进行清洁生产，严格控制"三废"排放以及不断改进对废物的处理技术，从而减少了环境资源的损失成本。

第二节 湖南省综合绿色 GDP 核算

虽然，绿色 GDP 核算把经济活动和与之相关的环境有机联系起来，解决了社会经济发展过程中的资源消耗、环境损害严重等问题，反映了资源和环境在经济活动中发挥的重要作用，但随着人类对生存的环境和社会拥有的财富的认识进一步深入，发现绿色 GDP 核算仍存在一些不足，它还不能完全反映经济、环境、社会的可持续发展的全貌。实际上人类社会的发展并不单纯体现在经济发展上，自然生态系统为人类提供服务效益，这不仅是社会财富，而且良好的生态环境更有利于促进经济、社会向前发展。从这点分析，绿色 GDP 只能说是可持续发展的指标之一，而不能体现可持续发展的全部内涵。

SEEA – 2012 为国民经济核算提供了国际统一的统计标准。虽然自然生态系统的服务（价值）并未正式纳入 SEEA – 2012 经济核算中，但还是提出建立试验性生态系统账户，以便更好地完善环境经济核算体系。本研究在进行湖南省绿色 GDP 核算中建立湖南省自然生态系统服务价值账户的基础上，再完善湖南省国民经济核算。也就是企图促使湖南省国民经济核算体系完善，成为既能反映资源和环境在经济活动中发挥的作用，又能体现自然生态系统为人类提供服务效益的综合绿色 GDP 核算体系。

综合绿色 GDP 的概念及表达式为：综合绿色 GDP = 传统 GDP – 自然资源损耗成本 – 环境损失成本 + 生态效益。将湖南省 2004—2013 年的 GDP、已核算的每年湖南省经济生产中的自然资源损耗成本、环境损失成本和自然生态系统服务价值代入综合绿色 GDP 的表达式中，就得出了湖南省 2004—2013 年的综合绿色 GDP（表 8 – 3）。

从表 8 – 3 中看出，2004—2013 年湖南省自然生态系统生态服务价值为 1636.3905×10^8 ~ 1775.5322×10^8 元。先把自然资源损耗成本和环境损失成本从传统 GDP 扣除，再把生态服务价值纳入核算体系，最后得出湖南省的综合绿色 GDP 为 7059.1681×10^8 ~ 25820.6475×10^8 元，比 GDP 增加 5.38% ~ 25.12%，比绿色 GDP 增加 7.38% ~ 31.70%。综合绿色 GDP 占 GDP 的比例逐年递减。

表 8 – 3 2004—2013 年湖南省综合绿色 GDP 核算（10^8 元）

年份	GDP 产值	绿色 GDP 产值	生态服务价值 产值	综合绿色 GDP 产值
2004	5641. 94	5360. 0077	1699. 1604	7059. 1681
2005	6511. 34	6217. 3667	1708. 1007	7925. 4674
2006	7688. 67	7447. 4903	1733. 1533	9180. 6436
2007	9439. 60	9073. 6118	1762. 1560	10835. 7678
2008	11555. 00	11213. 1036	1636. 3905	12849. 4941
2009	13059. 70	12672. 4142	1659. 7456	14332. 1598
2010	16038. 00	15491. 2196	1678. 1772	17169. 3968
2011	19635. 20	19245. 1952	1745. 5794	20990. 7746
2012	22154. 20	21689. 2014	1763. 0902	23452. 2916
2013	24501. 70	24044. 9353	1775. 5322	25820. 4675

　　生态环境的好坏直接影响人们的生活质量，生态效益表征着生态环境给人们带来的福祉价值。湖南省自然生态系统生态效益就是湖南省生态环境为湖南经济、社会和人们生活提供的环境正价值。

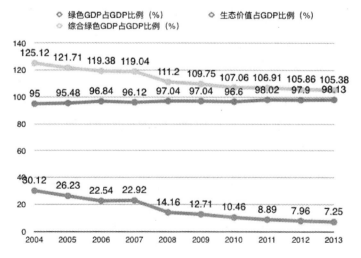

图 8 – 1 2004—2013 年湖南省综合绿色 GDP 所占比例变动趋势图

　　从图 8 – 1 中还看出，2004—2013 年湖南省自然生态系统生态效益在 GDP 中所占比例逐年递减。这是因为，一个相对稳定、结构与功能相对协调的自然生态系统结构，除非结构遭到严重破坏，否则每年都能提供较为稳定的生态服务。这点可从表8-3中生态服务价值的年变化中看出来。而2004—2013年湖南省GDP每年以17.65%的速率在增加，而生态服务价值量的年变化不大，所以生态效益在GDP中所占比例逐年递减，进而导致综合绿色GDP占GDP的比例逐年递减。

从湖南省综合绿色GDP核算数据可以得出，湖南省国民经济生产中的自然资源消耗成本（占GDP的1.09%~2.32%）和环境损失成本（占GDP的0.77%~2.98%），完整地体现了经济与环境资源的关系。同时也把生态效益（占GDP的0.77%~2.98%）纳入核算体系中，体现了自然生态系统为人类社会和经济活动提供的福利，这些也属于社会拥有的财富。因此，综合绿色GDP把经济活动和与之相关的环境以及生态效益有机联系起来，能客观地、公正地、真实地反映一个国家（地区）的社会财富、福利水平、整体经济规模和生产总能力。

第三节　建议与对策

一、转变GDP核算下的政绩观

建立综合GDP全新的发展观与政绩观，全面地评价社会经济发展成就应成为湖南省各级政府的施政理念。科学发展观是党中央在"三个代表"重要思想指导下，根据新形势，着眼新矛盾，与时俱进提出的新发展观。有了新的发展观，就有了明确的组织路线，就需要新的政绩观、新的党政官员考核标准与考核机制。综合GDP不仅反映国民经济收入总量，而且统计环境污染、生态破坏，反映经济增长的可持续性，力求将经济增长与环境保护统一起来，综合性地反映国民的经济活动的成果与代价，包括生活环境的变化。同时，综合GDP建立在以人为本、协调统筹、可持续发展的观念之上。经济增长受制于客观规律，经济发展过程中存在着各种不可预测的客观制约因素，经济活动并不完全由政治所支配。而单纯的GDP衡量指标使得GDP的增长成为执政合法性与稳定性的唯一来源，这使政治成为所有经济后果的责任承担者，长此以往，其后果不堪设想。建立综合GDP

全新的发展观与政绩观，全面地评价社会经济发展就应成为各级政府的施政理念。

二、调整产业结构、扶持和发展绿色产业

合理开发、利用和保护资源环境，转变增长模式，调整产业结构，扶持和发展绿色产业，提高综合 GDP 的比重，保障国民经济和社会持续稳定、健康快速地发展。

2004—2013 年湖南省的绿色 GDP 占 GDP 的比例逐年上升。这表明湖南省国民经济增长的负外部性减弱，结构效益得到体现，经济结构及其运行的方式发生了改变。经济生产调整了经济和资源环境之间的关系，对资源环境的依赖和消耗逐渐减弱，从资源的实物投入向科学技术投入转变，从粗放型的经济增长方式向集约型转变，从而使经济发展中的可持续增长部分超过不可持续增长部分。这可能是"十一五"以来，湖南省严格控制环境污染，关停了一些低效益、高消耗企业；废物（废水和废气）达不到排放标准的企业不能进行营业生产；大力发展循环经济、绿色生产；积极推动粗放型经济增长模式向高利用、高效益、低消耗、低排放的集约型模式转变的结果。

然而从核算的结果看出，2004—2013 年湖南省国内生产总值中仍有 2%～5% 是以牺牲自然资源和环境为代价取得的。这必须引起湖南省决策层高度注意。今后应更加把循环经济、绿色生产真正落实到经济建设的各个层面，走实现经济和资源环境双赢的可持续发展道路。

湖南省人口规模大，人均资源相对短缺，生态环境先天不足。而当前资源型产业仍占主导地位，经济增长仍是主要靠拼资源、拼投资。一些高耗能、高污染的行业的超常发展使得日益紧张的电力市场和资源环境的市场供求关系进一步恶化。因此，鼓励发展循环经济和绿色产业，垃圾资源化、变废为宝是湖南省实施综合 GDP 的必由之路。具体做法是建立一个独特的生态园区，把过去的单一企业逐渐演变成为一个"互联"的企业群体，并重新整合资源，使之得到最佳配置。形成物流中没有废弃物只有资源的概念，让污染负效益成为资源正效益，实现企业间废弃物的相互交换和循环利用，形成一种典型的生态工业模式的工业体系"食物链"。

三、继续保持生态环境良好发展态势

2004—2013 年湖南省每年的自然生态系统生态服务总价值在 $1636.3905 \times 10^8 \sim 1775.5322 \times 10^8$ 元之间。其中，森林生态系统生态服务价值（$1442.6557 \times 10^8 \sim 1574.5820 \times 10^8$ 元）占据绝对地位（占总服务价值的 $88.10\% \sim 89.62\%$），森林生态价值贡献巨大。因此应充分认识到森林生态资源在经济发展和生态环境保护事业中的重要作用，继续大力保护森林生态系统。

四、建立绿色会计核算体系，为综合绿色 GDP 核算提供数据支撑

综合绿色 GDP 的核算特点决定了它需要比 GDP 核算更多的基础资料，而会计核算是进行国民经济核算最重要的基础资料之一。完善环境统计制度，要反映经济发展过程中所消耗和利用的资源环境的真实代价，不仅需要对相关技术和方法进行深入研究，还需要众多部门基础统计调查数据的支持。目前一些重要环境指标的统计还不够完善，一些统计指标出现间隔发布的情况，而少数指标的内涵和统计范围则出现了变动，这就降低了绿色 GDP 的纵向可比性。另外一些重要指标还没有进行有效统计，这些都加大了核算难度，并且降低了环境损失核算的准确性。政府应尝试率先完善环境统计，切实完善各种基础数据的采集和汇总体系。因此，建立绿色会计核算体系，制定柜应的绿色会计准则，完善各种环境法规，加强有关环境资源的财务信息确认、计量、账务处理和有关环境资源信息的披露，为可持续发展提供决策依据，是贯彻落实科学发展观的现实需求。

五、加快制定绿色国民经济核算体系的步伐

目前，综合 GDP 核算正在并将以不可阻挡的态势，逐步成为世界各国制定和实施可持续发展战略的重要依据。比如，挪威关于石油、森林、渔业等资源的核算，法国的自然资产账户，美国关于环境防御支出数据的编辑等。因此，湖南省应紧跟世界国民经济核算体系改革的潮流，尽早建立国民经济核算新体系，开展综合 GDP 核算，走在国家国民经济核算体系改革的前列。

应逐步建立健全绿色 GDP 核算体系与制度，理论与实践并重。由于构建绿色 GDP 核算体系是一项巨大的工程，因此可以考虑将核算体系分拆成几部分，分别试点，逐渐完善。应支持科研机构的 GDP 核算研究，但在统计未完善之前不宜由政府出面公布。构建绿色 GDP 核算体系还应遵从动态性原则，即其诸多指标不是一成不变的，而是要经过反复的实践和研究加以确定，并随着经济形势和客观条件的变化对其进行修正，动态地反映可持续发展过程，继续加强政府对环境的管理。

六、多重管控建设资源节约型、环境友好型社会

绿色 GDP 指数是社会经济发展质量的体现。提高绿色 GDP 指数应从减少资源消耗和降低污染物排放两个方面加以考虑，在生产和消费的各个环节实现资源的有效配置，提高资源利用效率，减轻单位产出对环境的污染程度，争取以最小的资源消耗和环境占用获取最大的社会、经济、生态效益，实现资源节约、环境友好、社会和谐的可持续发展。2013 年湖南省工业排放废气中二氧化硫、烟尘和工业粉尘（64.13×10^4 t、35.86×10^4 t 和 2.61×10^4 t）分别比 2004 年（64.13×10^4 t、35.86×10^4 t 和 2.61×10^4 t）下降了 26.50%、32.43% 和 57.09%。2013 年生活排放废气中二氧化硫、烟尘（15.26×10^4 t、2.95×10^4 t）也分别比 2004 年（17.28×10^4 t、10.71×10^4 t）下降了 12.69%、72.46%。从湖南省排放废气的污染物量的年变化中看出，湖南省在节能减排、减少大气污染物排放量上取得了长足的进步。

第 9 章　能值分析法在绿色 GDP 核算中的应用与实践

绿色 GDP 核算把经济活动和与之相关的环境活动有机地联系起来，解决了社会经济发展过程中的资源消耗过大、环境损害严重等问题。可是，由于绿色 GDP 核算把大量未进入市场的各种资源包括在统计范围内，而自然资源的量纲并不是完全统一的，如何对内容、特征不同，特别是非市场的外部性指标找到一个统一的量纲计量单位，一直是绿色 GDP 核算中悬而未决的问题。其次，自然和环境资源的定价，也是世界各国开展绿色 GDP 核算的一个难以解决的主要难点。

应用能值分析法来探讨绿色 GDP 核算，正是基于目前绿色 GDP 核算中自然资源的量纲计量和定价方法上的缺陷来进行的。

在经济生产中，有些产品资源从表面上看被人们赋予了一个经济价值，如一桶石油，按现行价格为每桶 58 美元。实际上，一桶石油需要生物经过上千万年的地质因素演化形成，并且，其资源是难以更新的。显然，人类所付出的这部分价值，仅仅是人们所付出的劳务费和加工费，并不是石油形成的真实价值。能值分析是以能值为基准，根据各种物质、能量相应的太阳能转换率将自然、环境和经济系统中的能流、物流和货币流都转换成能值这一量纲，这就解决了绿色 GDP 核算中自然资源和环境资源计量单位不统一的问题。而后，已知某种资源的能值量，可以通过能值货币比率（某国家或地区全年总应用的能值与该国家或地区国民生产总值的比值）算出其所相当的能值货币价值（是单位能量相当的货币价值，也称之为宏观经济价值），从而解决了绿色 GDP 核算中自然和环境资源的价值与经济社会的对接问题。本章探讨了能值分析法在绿色 GDP 研究中的应用，并以实证研究的方法探讨了怀化市 2003—2006 年的绿色 GDP 核算以及湖南省 2001—2008 年的农业生态系统的绿色 GDP 核算。

第一节　能值理论在绿色 GDP 中的应用

人与自然、环境与经济的本质以及内在关系，不能用不同类型的能量来表示和衡量。因此，能量分析很难对一个生态系统（包括社会－经济－自然复合生态系统）进行综合评价。而能值分析则不同，由于度量单位统一，量纲统一，因此能够把自然生态系统与人类经济系统统一起来进行定量分析。另外，能量单位也不能用于解释生态与经济效益的关联，因此无法对系统的物流、能流、信息流、人口流、货币流等进行综合分析。而能值分析以能值作为共同量纲，能对系统各种物流、能流、生态流进行综合分析，能全面地、真实地定量分析生态系统的结构功能特征和动态变化过程。

自然界创造的一切资源，以及人类创造的所有物质财富都包含着能值，都具有价值，所以能值是所有资源物质和财富的一种度量和反映，是客观价值的一种表达。因此，自然资源、商品、劳务和科技信息都可以用能值来衡量其固有的真实价值，评价其在社会－经济－自然复合生态系统中的作用和贡献。

能值分析不仅分析了系统内各种能量流，而且也把太阳能、雨水能等自然环境能的投入计算在内。能值分析得出的综合能值指标体系，既可以体现经济效益，也能反映自然环境的生态效益，能较全面系统地了解和分析自然环境对整个生态系统的作用和贡献。

一、能值法在国外的研究与应用

在 20 世纪 80 年代，国外许多学者与 Odum 一起进行了能值分析的研究。Bialy（1982）用不同的计算式计算了生物质（粮食及各种农产品、秸秆、各种饲料和饲草木材）及人、禽排泄物和粪便的含能值或热值。有关人力能量的估算方法和步骤，Pimentel、Desai 、Black、Leach、Revelle、Anonymous、Freedman 、Norman 等学者进行了大量研究；对于畜力劳动能量的消耗，Barney（1982）曾提出过计算方法，Cox（1979）在其著作中给出了一个平均畜力工作能量的消耗率。1980 年 Cervinka 汇总和摘出各种化石燃料的能值；Doering（1980）根据农业机械所需能量应包含的 3 个部分，即制造该机械原材料中包含的能量、将原材料加工所需的能量、农业机械使用期间所需的修理配件和材料所含的能量推算出各种农用机械的能值。Lokertz（1980）根据美国化肥生产的标准加工方法（包括生产能量消耗、运输和贮存的能量消耗）推算出各种化肥的能值。还有一些研究者根据各种农药生产、配制、包装盒运输能量的需要估算出各种农药产品的能值。

早在 20 世纪 80 年代，美国科学基金资助学者率先开展能值研究。目前，能值研究中心在美国。日本、意大利、澳大利亚、瑞士、瑞典等国家的科学家也活跃在能值研究领域；同时，在韩国、墨西哥、印度、泰国、厄瓜多尔等亚非拉一些发展中国家，有越来越多的学者在进行能值研究。

Odum 在《人与自然的能量基础》一书中就提出了一系列能量系统、质能、能质链和包被能新概念和开拓性的重要理论观点，并于 20 世纪 80 年代后期和 90 年代又创立了能值以及太阳能转换率等新概念理论，1996 年出版了世界第一部能值专著。与此同时，他在能值理论和能值分析方法的应用上也起着先驱作用，对得克萨斯州和佛罗里达州等的能值研究是该领域影响最大的成果；Odum（1989）的报告对 12 个国家的能值进行了评价和比较；他与合作者一起通过能值分析评价了意大利的环境压力和可持续性状况；对厄瓜多尔海岸流域的能值研究中，得出了潮讯、河流、排放物和海浪能产生非常高的能值价值结论；还通过能值分析评价了亚马孙河的资源和潜力。他在国家和地区资源环境、经济、社会系统能值分析研究中取得的成果颇多。

在 Odum 的推动下，用于国家的能值分析程序在瑞士、巴布亚新几内亚、瑞典、意大利等国家得到了广泛的应用，研究了各个国家环境、经济、社会的可持续发展性。能值理论和分析方法在创立以来的短短几十年内，在对国家或区域、自然资源和各种生态系统的能值分析方面，发表的论文和论据越来越多，其研究范围和内容涉及了国家、区域、工业、农业、企业、城市、自然保护区、企业和生态工程的各种空间尺度、不同生态系统或生态经济系统的能值分析。

能值分析方法应用较多的是农业生态经济系统。1993 年 S. Vigiali 等分析了意大利农业生态系统的能值投入和产出，估算了环境的负荷率和能值转换率；R. Mitchell 通过能值分析得出印第安的农业生态工程对购买能值的依赖性，分析该系统不稳定因素的关键所在；S. Johansson 从能值理论的角度出发评价了瑞典粮食系统的安全性，并指出要提高粮食系统的安全性，需要提高科技投入的力度；Elefrog 用能值分析方法比较了澳大利亚 3 种农作物系统相互的优势及其可持续发展指标；此外，Rydberg 等对多个国家和地区的多种农业系统进行了能值分析评价。

能值理论也引入到旅游领域。Gulten 运用能值理论和方法分析了可持续发展的替代模式——生态旅游，发现生态旅游不是最有效的维护森林的活动。Tilley 通过能值分析，评估了森林生态系统可观的真实价值，同时指出，森林的价值更多地体现在潜在价值上。Buranakam 利用能值理论对建筑材料的循环利用进行研究，其研究结果为材料的再循环利用的最佳措施或指标的判断与确定提供了科学依据。在水处理方式上，Bjorklund 应用能值分析方法来进行最佳选择。

Brown. M. T 等在对墨西哥沿海和加利福尼亚州的海岸进行的能值评价中，得出两个海岸的潮涌能值存在一定的差异；通过对阿拉斯加州的系统的研究，不仅明确了其发展阶段的等级，而且也提出了经济发展的趋势，及其管理措施。用能值理论对韩国的社会经济环境的评价表明，韩国的经济发展与环境的承载的关系暂时还处在较为协调的阶段。对于西弗吉尼亚经济和环境的强势和弱势，Campbell 等利用能值核算账户进行分析，并提出了颇有价值的管理措施与对策。Martin 等利用能值理论比较了美国堪萨斯州、俄亥俄州和墨西哥帕斯州 3 种不同规模管理农业和系统的效益价值。Lomas 等对西班牙过去 20 年的经济发展和环境保护的结果进行了能值研究。A. D. LaRosa 运用能值理论和方法分析了西西里岛不同经营方式红橘的生产能值。

二、能值法在国内的研究与运用

在 20 世纪 80 年代中期，闻大中较全面系统地介绍了农业生态系统的研究方法，标志着我国正式开启了能值领域的研究。真正使我国能值研究得以迅速开展的推动者是留美学者蓝盛芳教授，他在美国留学期间直接与佛罗里达州大学 H. T. Odum 进行合作研究，参与了 NSF 有关项目和能值专著的工作。1992 年蓝盛芳翻译的《能量、环境与经济、系统分析导引》一书，首次把能值理论、方法和有关研究推介到中国。继而，能值分析概念、方法被收入《普通生态学》、《生态工程学》等本科生或研究生的教材中。

在多个国家自然基金项目的资助下，能值研究和应用在我国迅速展开，北京、南京、广州等地的科研单位和一些大学的学者们活跃在能值研究的领域，开展了国家与地区农业生态系统、滩涂湿地生态系统、自然保护区、城市复合生态系统等方面能值理论和分析方法的研究，已取得一大批有价值的科研成果。

隋春花在现有的环境质量效益推算评估法、环境资源定价评估法和经济价值评估法的基础上，认为能值评估法是以自然价值为依据，能排除经济市场价格的人为影响，可以从本质上揭示自然资源的真实价值。汪殿蓓用能值理论方法对自然资源（财富）的价值进行评估，并与往常的自然资源价值评价的结果进行比较，认为能值分析法是衡量环境 – 经济系统财富较为科学合理的方法。李双成等构建了基于能值的土地持续利用态势的若干指标，并对 1978—1999 年中国农用土地可持续性进行判定提出以能值分析理论为支撑的区域性可持续发展指标（ESI），并将其应用于 1978—1999 年经济系统可持续发展指数的动态研究。粟娟曾提出用能值理论与分析方法评价森林的综合效益。陆宏芳等在分析国际现行能值可持续性指标（ESI）存在不足之处后，拓展构建了新的综合指标（SDI）评价系统的可持续发展，认为能值理论和分析方法为复合生态系统开拓了一条定量研究途径，是生态系统整合的一种评价方法。此外，蓝盛芳等在能值理论和方法研究上也做出了很大贡献。

1994 年，蓝盛芳与 Odum 一起对中国的生态经济系统开始进行能值分析。严茂超用能值分析深入研究西藏生态经济系统的能值和可持续发展，提出了进一步开发西藏资源、实现可持续发展目标的建议和对策。2001 年，严茂超评估了中国大陆各省（市）的农林牧副渔主要产品的能值及其宏观价值，对各省区单位面积产出、人均农产品能值占有量等指标进行分析比较和排序。李海涛等对 1991—1999 年新疆生态经济系统能值净产出率、环境负荷率、可持续发展指数等 9 个指标及其变化趋势进行了分析，得出新疆生态系统属于资源输出型，开发程度较低，环境负荷率逐渐上升；与此同时他对江西省生态经济系统的能值进行评估，结果得出，江西经济有很大的发展潜力，并提议扩大国际贸易和经济合作能，使江西省的经济结构得到改善。张希彪在对甘肃农业生态经济系统的能值分析中，发现该省农业生态经济系统对本地资源依赖过大，系统的封闭性较强，认为优化投入结构、调整产业结构、加大科技投入是实现甘肃农业可持续发展的必由之路。赵晟等也对甘肃省生态经济系统进行过能值分析。除此之外，还有学者对湖北、江苏省的生态经济系统的能值进行了分析，探讨了能值的投入、产出、人口承载力、能值使用强度、环境负载率等指标。张耀辉用能值方法评价了海南省的资源环境和经济特征，分析了本地资源利用和外来资源与经济的关系。张雪萍等在一个县域（泰来县）生态经济系统的能值分析中发现，该县开发程度较低，经济发展落后。李双成等认为1978—1998 年我国 GDP 增长率都在 7% 以上，经济一直保持较快的速度，但若用基于能值分析的可持续发展指标来衡量，发现经济的强势增长是以资源过度消耗和环境的恶化为代价的。综上所述，能值理论已应用于多个领域，包括国家以及省市的农业、生态经济、城市与人居环境、资源及可持续发展评价以及市县的功能分区等。

近年来能值理论也在绿色 GDP 研究中得到应用，这些研究为绿色 GDP 研究开辟了新的方向。能值分析也逐渐被用在绿色 GDP 的核算上。例如，陈超等对大连市绿色 GDP 进行了分析（2007），康文星、邹金伶等以能值分析法核算了怀化市农业绿色 GDP（2010），朱玉林运用能值理论探讨了湖南省农业生态系统的绿色 GDP（2011），张虹等对福建省绿色 GDP 运用能值分析进行了核算（2011），王秀明等以能值分析法对天津市绿色 GDP进行了研究（2011），窦睿音等用能值方法核算资源型陕西省榆林市绿色GDP（2016）。但能值法在绿色 GDP 上的运用还是不够成熟。以下内容为"基于能值分析法的湖南省绿色 GDP 核算研究"课题组的部分研究成果或数据，评价了湖南省怀化市 2003—2006 年以及湖南省 2001—2008 年的经济发展状况和绿色 GDP，以期为湖南省政府部门进行经济决策提供依据和参考。

第二节 怀化市绿色 GDP 核算实证分析

本节内容为利用能值分析法对湖南省怀化市 2003—2006 年的绿色 GDP 进行的核算。在对环境受到伤害的补偿费上，除用能值分析法外，还使用了投资成本法进行估算，并评价了这两种方法的优劣，其目的在于为湖南省绿色 GDP 核算以及可持续发展进行有益探索，为政府部门制定政策提供参考依据。

一、怀化市概况

怀化市位于湖南省西南部，地理位置东经 $108°47'13''\sim111°06'30''$，北纬 $25°52'22''\sim29°01'25''$，国土面积 $2.76×10^4$ km²，人口 498 万。年均气温 16.8 ℃，年均降水量 1200～1500 mm，属中亚热带季风性温润气候，境内四季分明，冬无严寒，夏无酷暑，光热资源丰富，雨量充沛，且雨热同步。该市水、土地、生物、矿产等资源位于湖南省各地市前几位。

2003—2006 年该市 GDP 分别为 23.39E + 9、24.96E + 9、29.52E + 9、35.48E + 9 元，其中第一产业、第二产业和第三产业分别占总 GDP 的 23.8%～25.6%、27.1%～30.9% 和 45.3%～47.3%。该市农业种植业以水稻、油菜为主，水果、蔬菜、中药材、茶叶等也是该区主要种植作物。水泥、矿业、建材、纺织等行业是怀化市工业体系中的主要传统行业。近年来该市对工业产业结构进行调整，削减了一些"资源高投入、能源高消耗、环境高污染"的产业的规模，着力扶持电力、林产、医药、食品等支柱产业。该市旅游资源丰富，第三产业强盛。

二、研究方法

（一）基础数据

原始基础数据从怀化市统计年鉴获得，各物质的能量与能值转换率来自 Odum 和李金平的研究成果，所涉及的能量折算数据主要参考《农业生态学》和《农业技术经济手册》。

（二）数据处理

原始数据进行分类，整理后输入 EXCEL 计算、储存，然后计算出能值总量、能值货币比率和能值货币价值。

（三）系统中投入的资源与能源的能值和能值货币价值计算

计算系统投入的能值和能值货币价值分四步进行：第一步，利用怀化市统计年鉴提供的国民经济生产过程中投入各种物质资源的基础数据，参照 Odum 和李金平提供的方法计算投入的各种物质资源的能值；第二步，将求出的各种物质资源的能值相加（为避免重复计算，同源的能源只取最大项），得出投入的总能值；第三步，用某年投入的总能值除以某年的 GDP，求出该年的能值货币比率；第四步，利用某年投入某一种物质的能值除以该年的能值货币比率，分别得到投入的物质资源的能值货币价值。

三、绿色 GDP 核算依据

根据《怀化市环境质量公报》获得的国民生产过程中产生的废气、废水和固体废弃物数据，应用 Odum 和李金平的方法，计算它们的能值，然后根据每年的能值货币比率求出它们的能值货币价值。此外，对环境伤害的修复，根据《环境工程手册——环境规划卷》和《森林生态系统服务功能评价规范》（LY/JJ271 – 2008）提供的治理标准，本研究还使用投资成本法进行估算。

绿色 GDP 核算公式如下：

$$绿色 GDP = GDP - \sum A - \sum B \tag{9-1}$$

式中：$\sum A$ 为国民经济生产过程中投入的各种不可更新的资源和能源的能值货币价值之和，$\sum B$ 为国民经济生产过程中对环境的伤害的能值货币价值之和。

四、计算结果与分析

（一）国民经济生产过程中投入的能值分析

怀化市 2003—2006 年国民经济生产过程中投入的能源及其能值如表 9 – 1 所示，投入的能源由两种类型构成。第一种能源类型是可更新能源，包括可更新的自然资源、自然能源和有机能。可更新能源如太阳、雨水、劳力、畜力等能源利用后，系统可自然恢复或可再生。第二种是不可更新能源，包括不可更新的环境资源、自然能源和辅助能（表土损失、石油、煤、矿产、机械、化肥和农药等生产资料），生产过程中消耗的不可更新自然资源和能源在短期内是难以恢复的，消耗一点则意味着自然界中能源资源相应减少。

表 9 - 1 怀化市国民经济生产过程中投入的能值（2003—2006 年）

项目	原始数据/J				能值转换率/	太阳能值/Sej			
	2003	2004	2005	2006	(sej/J)	2003	2004	2005	2006
太阳能	1.78E+20	1.81E+20	1.78E+20	1.79E+20	1.00	1.78E+20	1.81E+20	1.78E+20	1.79E+20
风能	4.97E+15	4.97E+15	4.97E+15	4.97E+15	6.63E+2	7.46E+19	7.46E+19	7.46E+19	7.46E+19
雨水势能	9.26E+16	1.13E+17	1.02E+17	9.26E+16	8.89E+3	9.26E+20	1.13E+21	1.02E+21	9.26E+20
雨水化学能	1.75E+17	2.14E+17	1.94E+17	1.75E+17	1.54E+4	3.15E+21	3.85E+21	3.48E+21	3.85E+21
地球势转能	2.76E+16	2.76E+16	2.76E+16	2.76E+16	3.40E+4	9.39E+20	9.39E+20	9.39E+20	9.39E+20
表土层损失	1.19E+13	1.19 E+13	1.19E+13	1.19E+13	6.25E+4	7.44E+17	7.44E+17	7.44E+17	7.44E+17
小计						3.15E+21	3.85E+21	3.48E+21	3.85E+21
饲料	33.48E+15	39.72E+15	42.18E+15	46.5E+15	6.80E+4	2.27E+21	2.70E+21	2.87E+21	3.16E+21
畜力	2.95E+14	2.96E+14	3.01E+14	3.02E+14	1.46E+5	4.31E+19	4.32E+19	4.39E+19	4.40E+19
种子	2.08E+14	2.32E+14	2.74E+14	2.76E+14	6.60E+4	1.37E+19	1.53E+19	1.80E+19	1.81E+19
畜禽仔	1.50E+14	2.06E+14	2.14E+14	2.32E+14	2.00E+5	3.83E+21	5.27E+21	5.48E+21	5.94E+21
有机肥	5.68E+15	7.14E+15	7.91E+15	8.33E+14	2.70E+4	1.53E+20	1.93E+20	2.13E+20	2.23E+20
水电	3.25E+16	3.56E+16	3.67E+16	3.86E+16	1.59E+5	5.16E+21	5.66E+21	5.83E+21	6.31E+21
原煤	5.78E+15	6.02E+15	6.95E+15	8.00E+15	4.00E+4	2.31E+20	2.41E+20	2.78E+20	3.20E+20
原油	9.80E+14	1.02E+15	1.08E+15	1.29E+15	5.40E+4	5.29E+19	5.51E+19	5.89E+19	6.96E+19
火电	5.94E+15	7.30E+15	1.06E+16	1.18E+16	1.60E+5	9.50E+20	1.17E+21	1.69E+21	1.89E+21
氮肥	1.01E+11	1.21E+11	1.32E+11	1.49E+11	3.80E+9	3.82E+20	4.59E+20	5.01E+20	5.67E+20
磷肥	4.33E+10	4.79E+10	5.17E+10	5.98E+10	3.90E+9	1.69E+20	1.87E+20	2.02E+20	2.33E+20
钾肥	1.40E+10	1.47E+10	1.66E+10	1.81E+10	1.10E+10	1.54E+20	1.61E+20	1.82E+20	1.99E+20
复合肥	3.76E+10	5.47E-10	7.14E+10	9.33E+10	2.80E+9	1.05E+20	1.53E+20	2.00E+20	2.61E+20
农药	6.21E+9	7.85E+9	9.17E+9	1.11E+10	1.6E+9	9.93E+18	1.26E+19	1.47E+19	1.77E+19
机械	1.30E+13	1.32E+13	1.39E+13	1.44E+13	7.50E+7	8.82E+20	8.99E+20	9.44E+20	9.77E+20
劳力	6.42E+15	6.78E+15	6.90E+15	7.02E+15	3.80E+5	2.44E+21	2.57E+21	2.68E+21	2.81E+21
输入总能值						20.80E+21	23.46E+21	24.44E+21	26.69E+21

从表 9 - 1 中看出，2003—2006 年怀化市国民经济生产过程中投入的能源总用量分别是 20.80E + 21、23.46E + 21、24.44E + 21 和 26.69E + 21 sej，2003—2006 年的 GDP 分别是 23.39E + 9、2.24.96E + 9、29.52E + 9 和 3.81E + 9 元，其能值货币价值比例依次为 9.37E + 12、9.03E + 12、8.28E + 12 和 7.52E + 12 sej/元。

（二）不可更新自然资源和能源的能值货币价值

从表 9 - 1 可知，国民经济生产过程中，环境资源中表土层损耗的能值为 7.44E + 17 sej（这几年在怀化市统计年鉴中，表土层损失数据一直没变），每年 GDP 不同，每年的能值货币比率也不同，由此求出的能值货币价值也不一样。2003—2006 年表土层损失的能值货币价值分别是 7.94E + 5、8.24E + 5、8.89E + 5 和 9.89E + 5 元。

经济生产过程中，原煤、原油、火力、电力等不可更新能源的消耗，其能值从 2003—2006 年分别为 1.19E + 21、1.46E + 21、2.02E + 21、2.28E + 21 sej。根据每年的能值货币价值比例计算，2003—2006 年消耗的不可更新能源的能值货币价值依次是 1.27E + 9、1.61E + 9、2.44E + 9 和 3.03E + 9 元。2003—2006 年，怀化市投入的肥料、农药和机械等不可更新的生产资料的能值分别是 1.56E + 21、1.71E + 21、1.88E + 21 和 2.07E + 21sej，其相应能值货币价值依次为 1.66E + 9、1.89E + 9、2.27E + 9 和 2.75E + 9 元。

表 9 - 2　怀化市国民经济生产过程中对环境损耗的能值货币价值

年份	废气			废水		
	原始数据/J	总能值/sej	能值货币价值/元	原始数据/J	总能值/sej	能值货币价值/元
2003	1.78E + 15	1.18E + 21	1.26E + 9	6.77E + 14	5.82E + 20	6.21E + 8
2004	2.65E + 15	1.72E + 21	1.90E + 9	7.25E + 14	6.32E + 20	7.00E + 8
2005	2.69E + 15	1.79E + 21	2.16E + 9	7.27E + 14	6.25E + 20	7.55E + 8
2006	2.67E + 15	1.78E + 21	2.36E + 9	6.73E + 14	5.78E + 20	7.68E + 8

续表 9 - 2　　怀化市国民经济生产过程中对环境损耗的能值货币价值

| 年份 | 固体废弃物 | | | 能值货币价值 |
	原始数据/J	总能值/sej	能值货币价值/元	总计/元
2003	1.67E+14	3.00E+20	3.10E+8	2.201E+9
2004	3.15E+14	5.67E+20	6.28E+8	3.228E+9
2005	3.00E+14	5.41E+20	6.53E+8	3.568E+9
2006	2.95E+14	5.30E+20	7.04E+8	3.832E+9

（三）环境损害的补偿能值货币价值

环境损害的补偿成本，是在国民经济生产过程中由于对自然环境带来伤害，而应该对环境进行修复的成本价值。根据怀化市统计年鉴提供的废水、废气和固体废弃物数据[302]，以及根据这些废物的能量[303]与太阳能转换率[304]和每年怀化市的能值货币比率计算得出：2003—2006 年排放废气的能值为 1.18E+21 ~ 1.78E+21 sej，能值货币价值是 1.26E+9 ~ 2.16E+9 元；废水的能值为 5.82E+20 ~ 5.78E+20 sej，能值货币价值是 6.21E+8 ~ 7.68E+8 元；固体废物的能值为 3.00E+20 ~ 5.30E+20 sej，能值货币价值是 3.1+8 ~ 7.04E+8 元（表 9-2）。

（四）基于能值分析估算的怀化市绿色 GDP

表 9-3 表明，2003—2006 年怀化市国民生产过程中，环境资源表土层损失的能值货币价值占 GDP 的 0.003%，不可更新能源消耗的能值货币价值占 GDP 的 5.43% ~ 8.54%，不可更新的辅助能（生产资料）的能值—货币价值占 GDP 的 7.10% ~ 7.75%。不可更新的自然资源和能源（生产资料的原材料来自不可更新的自然资源）消耗一点则意味着自然界的能源、资源就减少一点，绿色 GDP 核算就是要真实地反映国民经济这部分损失，对不可更新资源消耗应进行补偿。

从表 9-4 看出，2003—2006 年怀化市经济生产过程中，产生的废气的能值货币价值中占 GDP 的 5.39% ~ 7.32%，废水的能值货币价值占 GDP 的 2.16% ~ 2.80%，固体废物的能值货币价值占 GDP 的 1.37% ~ 2.52%。国民经济生产过程中，所产生的废物对于生态环境会造成污染，对于这些污染的治理，是需要成本和代价的，绿色 GDP 就是要显现出这种成本和代价。

表 9 - 3　怀化市国民经济生产过程中消耗的不可更新资源的
能值货币价值占 GDP 的比例

年份	表土层损失		不可更新能源		不可更新辅助能		占 GDP 总比例 /%
	能值货币价值/元	占 GDP 比例/%	能值货币价值/元	占 GDP 比例/%	能值货币价值/元	占 GDP 比例/%	
2003	7.94E + 5	0.003	1.27E + 9	5.43	1.66E + 9	7.10	12.53
2004	8.24E + 5	0.003	1.61E + 9	6.45	1.78E + 9	7.13	13.58
2005	8.98E + 5	0.003	2.44E + 9	8.26	2.27E + 9	7.69	15.95
2006	9.89E + 5	0.003	3.03E + 9	8.54	2.75E + 9	7.75	16.29

表 9 - 4　怀化市环境损耗的能值货币价值占 GDP 的比例

年份	废气		废水		固体废弃物		占 GDP 总比例 /%
	能值货币价值/元	占 GDP 比例/%	能值货币价值/元	占 GDP 比例/%	能值货币价值/元	占 GDP 比例/%	
2003	1.26E + 9	5.39	6.21E + 8	2.65	3.20E + 8	1.37	9.41
2004	1.90E + 9	7.61	7.00E + 8	2.80	6.28E + 8	2.52	12.93
2005	2.16E + 9	7.32	7.55E + 8	2.55	6.53E + 8	2.21	12.08
2006	2.36E + 9	6.65	7.68E + 8	2.16	7.04E + 8	1.98	10.79

从 GDP 中扣除不可更新的自然资源和不更新的能源消耗以及环境损耗的能值货币价值后，所得的值为绿色 GDP 值。2003—2006 年怀化市的 GDP 分别为 23.59E + 9、24.96E + 9、29.52E + 9 和 35.48E + 9 元。剔除不可更新的自然资源和能源，考虑环境损害的影响后，所得的绿色 GDP 值依次是 18.259E + 9、18.232E + 9、21.242E + 9 和 25.868E + 9 元。这就是说，这几年怀化市的 GPD 中约有 13.22% ~16.29% 是以消耗自然资源和能源为代价的，约有 9.92% ~12.44% 是以对环境损耗为代价的，绿色 GDP 只有 GDP 的 71.97% ~78.06%。

（五）不可更新资源用能值分析，环境伤害用投资成本法估算绿色 GDP

前面的绿色 GDP 核算，无论是不可更新自然资源和能源，还是对环境的伤害，都是用能值法分析的。现在，对不可更新的资源和能源估价仍用能值分析法，对环境的伤害采用投资成本法［根据环境工程手册和森林生态系统服务功能评价规范（LY/JJ271 - 2008）提供的治理标准〕来核算怀化市 2006 年的绿色 GDP。

表 9 - 5 用能值分析估算的怀化市绿色 GDP(单位:10⁸ 元)

| 年份 | GDP | 自然资源消耗 | | 环境损耗 | | | 绿色 GDP | 占 GDP 比例/% |
		资源	辅助资源	废气	废水	固体废弃物		
2003	233.9	12.7	16.6	12.6	6.25	3.20	182.59	78.06
2004	249.6	16.1	17.8	19.0	7.00	6.28	183.42	73.49
2005	295.2	24.4	22.7	21.6	7.55	6.53	212.42	71.97
2006	354.8	30.3	27.5	23.6	7.68	7.04	258.68	72.92

从表 9 - 6 中看出，2006 年怀化市国民经济生产过程中产生的废物的治理成本费为 41143.3E + 4 元，占该年 GDP 的 1.16%。前面用能值分析得出 2006 年环境损害补偿费占 GDP 的 10.79%，其结果是投资成本法估算的 9.30 倍。全部用能值货币价值估算的 2006 年绿色 GDP 为 25.868E + 9 元，不可更新资源和能源用能值分析法，环境损害用投资成本法核算的绿色 GDP 为 29.29E + 9 元，后者比前者大 13.23%。全部用能值法估算的绿色 GDP 占 GDP 的比例为 72.92%；不可更新资源和能源用能值法、环境损害用投资成本法估算的绿色 GDP 占 GDP 的比例是 82.55%，后者比前者高出 9.63 个百分点。

表 9 - 6 用成本法估算的环境伤害治理费（2006 年）

项目	原始数据 /10⁴t	治理标准 /（元/t）	治理费 /10⁴ 元	占 GDP 比例/%
SO₂	6.7	3937	26377.9	0.74
烟尘	1.9	200	380	0.01
粉尘	4.73	150	709.5	0.02
工业废水 I	6772.3	1	6772.3	0.19
生活废水	6679.8	0.8	6679.8	0.19
固体废弃物	7.12	31.43	223.8	0.01
总计			41143.3	1.16

（六）2003—2006 年怀化市绿色 GDP 变化趋势分析

这里利用能值分析研究的结果，并不影响对怀化市绿色 GDP 年变化趋势的分析。2003—2006 年怀化市 GDP 和绿色 GDP 都呈逐年增加趋势，GDP 年增加率分别为 6.71%（2004 年）、18.27%（2005 年）和 20.19%（2006 年），绿色 GDP 增长率相应是 4.55%、15.81%、21.78%。然而，从 2004—2005 年怀化市对资源的消耗和对环境损害的年增长率与 GDP 和绿色 GDP 的增长年对比分析可知，怀化市这两年经济的高速发展，主要是靠消耗大量自然资源和牺牲生态环境为代价取得的。2004 年，对资源消耗和环境消耗的增长率为 13.61%，其增长率分别是 GDP 和绿色 GDP 增长率的 2.03 和 2.99 倍；2005 年对资源和环境消耗的增长率为 28.91%，是 GDP 的 1.58 倍，是绿色 GDP 的 1.83 倍；2006 年对资源和环境消耗的增长率为 17.84%，比 GDP 和绿色 GDP 增长率分别低 2.35 和 3.94 个百分点。这表明 2006 年怀化市 GDP 和绿色 GDP 的增长率年超过资源消耗和环境伤害的增长率。

2003—2005 年期间，绿色 GDP 年增长率低于 GDP 年增长率，由此产生的结果是绿色 GDP 占 GDP 比例逐年下降。2006 年与 2005 年相比，2006 年 GDP 增长率只比 2005 年大 1.92%，然而绿色 GDP 增长率比 2005 年大 5.97%，绿色 GDP 增长率增加的速率是 GDP 的 3.11 倍，使得 2006 年绿色 GDP 占 GDP 比例比 2005 年有所增大。这是由于 2006 年对资源和环境消耗的增长率（17.84%）比 2005 年（28.91%）小引起的，同时也说明怀化市的产业结构调整和技术革新已见成效。

五、小结与讨论

用能值分析法核算的怀化市 2003—2006 年绿色 GDP 占 GDP 比例约为 71.97%~78.06%，表明这几年怀化市 GDP 的增长约有 21.94%~28.03% 是靠消耗环境资源和牺牲生态环境获得的。如果不可更新资源和能源价值用能值货币价值估算，对环境污染恢复费用投资成本法估算，则这几年绿色 GDP 占 GDP 的比例为 83.75%~87.46%。这几年怀化市 GDP 和绿色 GDP 都是增长的，但是 GDP 和绿色 GDP 年增长速率并不同步。2003—2005 年 GDP 的增长率大于绿色 GDP 的增长率，使得这几年绿色 GDP 占 GDP 比例逐年下降。2006 年绿色 GDP 增长速率大于 GDP 的增长速率，所占 GDP 的比例比 2005 年有所增大。

从 2006 年核算的结果看出，怀化市经济生产过程中，这种以资源消耗和环境降级为代价的发展模式正在改变。调整产业结构、进行技术改革，能够降低资源消耗和环境伤害的程度，增大绿色 GDP 的值。

对环境伤害的补偿费本研究用能值货币价值法和投资成本法分别进行估算，所得的结果差别甚大，用投资成本法估算的比用能值法估算低许多。对环境伤害的价值补偿，用能值方法计算，其合理性值得考虑。因为用能值法计算时，只是计算了这些废物质存在的能值货币价值，而不是治理这些物质所需费用。同时，这些物质的能量级别较高，其能值货币价值也就大，本著作估算的结果占 GDP 的比例为 9.41% ~ 12.93%。通过投资成本法估算更符合对环境治理的社会经济活动的实际情况。因此，在绿色GDP 核算中，应视具体情况采用不同方法计算。对于自然和环境中的不可再生资源可用能值理论分析法，这样才能体现这些资源的真实价值，而不是人们主观上赋予或仅仅所给的劳务费和加工费。对于环境伤害的修复补偿，可用投资成本法估算，因为我们不需要这些污染物质存在的价值，需要的是这些污染物污染环境后对其修复好的成本代价。

第三节　湖南省农业生态系统绿色 GDP 实证分析

本节内容通过建立基于能值法核算分析模式，对 2001—2008 年湖南省的农业生态经济系统绿色 GDP 进行了具体研究和分析。

绿色 GDP 的核算方法考虑了自然资源与环境等因素，是在现有国民经济核算的基础上，将经济活动中自然资源的耗减成本与环境污染代价进行扣除，计算如公式 9 - 2。它是对传统 GDP 的一种调整，是扣除经济活动中投入的资源和环境成本后的生产总值。绿色 GDP 不仅能反映经济增长水平，而且能够体现经济增长与自然保护和谐统一的程度，能够很好地表达和反映可持续发展观的思想和要求。

基于能值分析法核算的绿色 $GDP = GDP - \sum A - \sum B - \sum C$

$$(9 - 2)$$

其中，$\sum A$ 为系统中各种不可更新环境资源的能值货币价值之和，$\sum B$ 为系统中所消耗的各种不可更新辅助能值货币价值之和，$\sum C$ 为系统中所排放的各种废弃物的能值货币价值之和。

一、能值数据的获取及计算

本节内容的数据来源于 2002—2009 年《湖南省统计年鉴》以及《湖南省农村统计年鉴》和其他湖南省环境质量公报等的统计资料，以及能值分析表部分数据来自于朱玉林的博士论文《基于能值的湖南农业生态系统可持续发展研究》[307]。其中太阳能值转化率主要参考了 H. T. Odum 的相关著作和蓝盛芳等的《生态经济系统能值分析》，能量折算数据主要依据骆世明的《农业技术经济手册》和《农业生态学》。利用能值分析方法，通过能量折算和能值转换计算，得到湖南省 2001—2008 年农业生态系统的能值分析表。

表 9 – 7　湖南省农业系统能值投入的年变化表（sej）

年份	总能值	可更新环境资源	不可更新环境资源	工业辅助能	有机能
2001	90.94E + 21	2.58E + 22	1.04E + 21	20.90 E + 21	43.20E + 21
2002	92.14E + 21	2.73E + 22	1.04E + 21	21.20E + 21	42.60E + 21
2003	88.84E + 21	2.33E + 22	1.02E + 21	21.70E + 21	42.82E + 21
2004	96.40E + 21	2.74E + 22	1.02E + 21	22.53E + 21	45.45E + 21
2005	95.37E + 21	2.47E + 22	1.02E + 21	23.60E + 21	46.05E + 21
2006	97.33E + 21	2.57E + 22	1.01E + 21	25.10E + 21	45.52E + 21
2007	96.09E + 21	2.36E + 22	1.01E + 21	26.50E + 21	44.98E + 21
2008	96.03E + 21	2.33E + 22	1.01E + 21	27.10E + 21	44.62E + 21

按照能值分析的基本步骤，在充分收集数据的的基础上计算出 2001—2008 年湖南省农业生态经济系统能值分析表 9 – 7。可以看出，该表是 2001—2008 年湖南农业生态经济系统能值利用的总量。而从统计年鉴获知 2001—2008 年湖南省农业生态经济系统即第一产业的 GDP（如表 9 – 9 所示），则 2008 年湖南省农业生态经济系统的能值/货币比率为 1.10133E +

12 ~4.7838E +11 sej/元。

二、湖南省农业生态系统能值投入结构分析

一个农业生态系统的投入能值主要包括：可更新环境资源、不可更新环境资源、不可更新工业辅助能和可更新有机能。本章依据湖南省农业资源的特点，将湖南省农业生态系统的能值投入进一步细分为：可更新环境资源能包括太阳光能、雨水化学能、风能、雨水势能和地球旋转能；不可更新环境资源包括净表土损失能；不可更新工业辅助能包括水电、火电、化肥、农药、农膜、农用柴油和农用机械；可更新有机能包括有机肥、劳动力、畜力、种子。

由表 9 - 8 可知，湖南农业生态经济系统投入的能值由可更新环境资源、不可更新环境资源、不可更新工业辅助能和可更新有机能等投入能值 4 部分构成。其中可更新环境资源、不可更新环境资源、不可更新工业辅助能、可更新有机能的能值各占总能值流量的 24.26% ~29.63%、1.04% ~1.14%、22.98% ~28.22% 和 46.23% ~48.28%。

表 9 - 8 湖南省农业系统能值投入结构的年变化（%）

年份	总能值	可更新环境资源比例	不可更新环境资源比例	不可更新工业辅助能比例	可更新有机能比例
2001	100	28.37	1.14	22.98	47.51
2002	100	29.63	1.13	23.01	46.23
2003	100	26.24	1.14	24.43	48.19
2004	100	28.42	1.06	23.37	47.15
2005	100	25.90	1.07	24.75	48.28
2006	100	26.41	1.04	25.78	46.77
2007	100	24.56	1.05	27.58	46.81
2008	100	24.26	1.05	28.22	46.47

湖南省农业系统的不可更新工业辅助能值投入趋向增加。从表 9 - 8 看出，工业辅助能占总能值投入的比率不断上升，由 2001 年的 22.98% 上升到 2008 年的 28.22%。这表明农业生态经济系统的运行和发展对于来自社会经济系统的购买能值的依赖增多，湖南省农业正在由传统农业向科学

化、机械化和集成化的现代化农业迈进。

可更新有机能值的投入量在慢慢减少，减少幅度不大，由 2001 年的 47.51% 下降到 2008 年的 46.47%。湖南省农业系统有机能投入减少的幅度尽管不大，但这仍然意味着湖南省落后的农业手工劳动生产方式正在被先进的工业化手段所取代，也是国家合理引导农村剩余劳动力流动的结果。

尽管农业系统中有机能投入能值在总投入能值中所占的比例有所降低，但是有机能值在总投入能值中占的比例仍是最大的，比重在 46.23% ~ 48.28% 之间。过去的农业即使没有工业辅助能的投入，其系统照样运转。而且目前在农业方面，依靠自然环境资源和劳力作为主要动力的传统耕作方式在广大农村还普遍存在，导致了有机能投入比重较大。由此可见，由于农业的传统性、保守性和惯性，要改变投入能值中有机能值的投入格局还需要一定的时间。当然农业生态经济系统投入可更新有机辅助能的比重越大，对外界的依赖性就越少，其系统可持续发展能力可能越强。但是，辅助能值投入中有机能值高于工业辅助能值，表明农业生态经济系统大部分处于自我维持的封闭性生产状态。这样的农业生态经济系统由于系统外购买能值投入的严重不足，将过分地依赖本地资源，且高科技投入严重不足，使得自然资源得不到有效利用，严重地制约了该系统经济发展水平。这样的能源投入格局决定了其农业经济运行模式是一种高资源消耗型经济发展模式。

在农业系统能值投入的发展变化过程中，湖南省农业发展已不完全依赖系统内的有机能及其环境资源的购买能值，农业增产越来越依赖于工业辅助能值（主要是电力、化肥、机械、农药等）投入。这表明湖南省已走向依靠化肥和农业机械投入为主的现代农业生产模式。

从农业生态经济系统投入的能值与结构变化动态看出，目前湖南省农业生态系统的格局由"靠天吃饭"以及以劳动密集型为主的传统封闭式农业生产的格局，开始慢慢摆脱农业系统的传统保守性和封闭性，逐渐迈向现代化农业生产的经营方式。

三、基于能值分析法的湖南省绿色 GDP 计算结果与分析

如表 9 - 9 所示，利用计算公式：能值/货币比率 = 总能值/第一产业

GDP，计算出湖南省农业系统能值/货币比率为 1.10133E + 12 ~ 4.7838E + 11 sej/元，将各年各资源环境价值转化为能值 – 货币价值，同时可以统计出可更新环境资源、不可更新环境资源、不可更新工业辅助能、可更新有机能这 4 大类别资源环境的能值 – 货币价值。2001—2008 年湖南省农业生态经济系统所消耗的不可更新环境资源、不可更新工业辅助能的能值 – 货币价值分别见表 9 – 9。由于在农业生态经济系统中所排放的废弃物一般为人、畜的粪、尿及其他有机物垃圾，而这些废弃物基本上作为农田、耕地和林地的有机肥料，在生态系统中实现了循环利用，故计算湖南省农业生态学系统绿色 GDP 时忽略了 2001—2008 年农业生态经济系统所排放的各种废弃物的能值 – 货币价值。利用公式 9 – 2，得出 2001—2008 年湖南省农业生态经济系统绿色 GDP，如表 9 – 9 所示。即 2001—2008 年湖南省农业生态经济系统绿色 GDP 为 6.2651E + 10 ~ 1.41979E + 11 元，绿色 GDP 仅占整个 GDP 的 70.73% ~ 75.87%。

表 9 – 9　湖南省农业系统基于能值法核算的绿色 GDP

年份	能值/货币比率/(sej/元)	第一产业GDP/元	不可更新环境资源的能值货币价值/元	不可更新辅助能值货币价值/元	第一产业绿色GDP/元	绿色 GDP 占GDP 比重/%
2001	1.10133E + 12	8.2573E + 10	9.443E + 8	1.8977E + 10	6.26517E + 10	75.87
2002	1.08752E + 12	8.4725E + 10	9.563E + 8	1.9494E + 10	6.42747E + 10	75.86
2003	1.00218E + 12	8.8647E + 10	1.0178E + 9	2.1653E + 10	6.59762E + 10	74.42
2004	8.33333E + 11	1.1568E + 11	1.224E + 9	2.7036E + 10	8.742E + 10	75.57
2005	7.48499E + 11	1.27415E + 11	1.3627E + 9	3.1530E + 10	9.45223E + 10	74.19
2006	7.3058E + 11	1.33223E + 11	1.3825E + 9	3.4356E + 10	9.74845E + 10	73.17
2007	5.9077E + 11	1.62652E + 11	1.7096E + 9	4.4857E + 10	1.16085E + 11	71.37
2008	4.7838E + 11	2.0074E + 11	2.1113E + 9	5.6650E + 10	1.41979E + 11	70.73

能值分析通过能值转换率和能值货币价值将自然、环境、社会经济三个亚系统中的能流、物流、货币流都换成同一量纲，从而为绿色 GDP 的核算提供一种新的方法。但是，能值分析法仍存在一些不足，物质、能量和社会经济产品的太阳能转换率的求算是一个十分复杂的过程，这就必然给绿色 GDP 核算的操作带来一定的难度。虽然，Odum 研究的太阳能转换率

能满足大尺度的研究（国家和地区），但由于各国（地区）之间地形、地势及发展水平的差异性，太阳能转换率仍存在一定的差异。此外，由于我国传统 GDP 统计资料不够充分，如国民经济生产过程中所消耗的自然资源和矿产资源的实物量统计不够完善，并且现行统计数据的口径与能值分析方法所需的资料的统计有所差别，这给基于能值分析的绿色 GDP 核算带来困难。建立健全环境资源和自然资源消耗账户，是进行绿色 GDP 核算迫切需要解决的问题。

第 10 章　研究结论、创新点及研究展望

第一节　结论

本著作在《环境经济核算体系：中心框架（SEEA－2012）》的基础上，借鉴了国际环境资源经济核算体系和中国绿色国民经济核算体系的经验，构建了综合绿色 GDP 核算体系，并用构建的综合绿色 GDP 核算体系核算了 2004—2013 年湖南省的绿色 GDP 和综合绿色 GDP，得出如下结论：

（1）环境资源核算账户由环境资源实物量核算和环境资源价值量核算两个大账户构成。其中，环境资源实物量核算账户中包含资源耗减实物量核算、环境污染物实物量核算、生态系统服务物质量核算三个子账户；环境资源价值量核算账户也包含资源耗减价值量核算、环境损失价值量核算、生态系统服务价值量核算三个子账户。

（2）资源环境核算账户调整到国民经济核算账户（绿色 GDP 和综合绿色 GDP 核算账户），可通过货币化模型使环境资源核算账户中实物量指标与价值量指标连接，利用价值量指标把资源环境核算账户与国民经济核算账户连接，对国民经济核算账户的资源、环境和生态服务因素进行调整等，可实现构建综合绿色 GDP 核算体系的目标。

（3）2004—2013 年湖南省的资源价值核算账户中，每年在经济生产上损失的自然资源价值为 $113.7773 \times 10^8 \sim 268.6462 \times 10^8$ 元（虚拟值）。其中，土地资源损耗价值 $0 \times 10^8 \sim 15.2398 \times 10^8$ 元；能源资源损耗 $72.1160 \times 10^8 \sim 165.3383 \times 10^8$ 元；野生水生资源损耗 $37.6300 \times 10^8 \sim 100.8600 \times 10^8$ 元；水资源损耗 $2.2445 \times 10^8 \sim 3.3475 \times 10^8$ 元；分别占自然资源损失总价值的 $0 \sim 8.09\%$、$61.53\% \sim 68.15\%$、$27.67\% \sim 37.64\%$ 和 $0.88\% \sim$

2. 22%。

（4）2004—2013 年湖南省的环境损失价值核算账户中，每年的环境损失价值为 $58.8637 \times 10^8 \sim 322.3553 \times 10^8$ 元。其中，环境退化成本 $33.1650 \times 10^8 \sim 56.8423 \times 10^8$ 元（包括投入治理"三废"的实际投资成本和治理未预先处理"三废"的虚拟成本），占环境损失成本的 13.41% ~ 77.67%；环境损害成本 $13.1437 \times 10^8 \sim 279.1212 \times 10^8$ 元（包括环境污染造成资产加速折旧损失价值和自然灾害带来的经济损失），占环境损失成本的 22.33% ~ 86.59%。可见，在正常的情况下，湖南省每年的环境损失成本的大小主要由环境损害成本的大小决定。

（5）2004—2013 年湖南省每年的自然生态系统生态服务总价值 $1636.3905 \times 10^8 \sim 1775.5322 \times 10^8$ 元（虚拟价值）。其中，森林生态系统生态服务价值 $1442.6557 \times 10^8 \sim 1574.5820 \times 10^8$ 元（固碳释氧、固土保肥、养分循环、净化大气环境、涵养水源和保护生物多样性 6 项生态服务），占总服务价值的 88.10% ~ 89.62%；湿地生态系统服务价值 $173.7869 \times 10^8 \sim 198.7751 \times 10^8$ 元（固碳释氧、保持土壤、养分循环、净化污染物、涵养水源、保护生物多样性、调节气候和文化教育等 8 项生态服务），占总服务价值的 10.17% ~ 11.69%；草地生态系统服务价值 $3.4910 \times 10^8 \sim 3.8156 \times 10^8$ 元，只占总服务价值的 0.21% ~ 0.22%。湖南省生态系统服务主要由森林生态系统提供。

（6）2004—2013 年经核算后的每年自然资源损耗成本占 GDP 的 1.09% ~ 2.32%；环境损失成本占 GDP 的 0.77% ~ 2.98%。核算后绿色 GDP 为 $5360.0077 \times 10^8 \sim 24044.9353 \times 10^8$ 元，占 GDP 的 95.00% ~ 98.13%。湖南省的绿色 GDP 占 GDP 的比例逐年上升。

（7）2004—2013 年湖南省自然生态系统生态服务价值为 $1636.3905 \times 10^8 \sim 1775.5322 \times 10^8$ 元，占当年 GDP 的 7.25% ~ 30.21%。将生态服务价值纳入核算体系后，湖南省的综合绿色 GDP 为 $7059.1681 \times 10^8 \sim 25820.6475 \times 10^8$ 元，比 GDP 增加了 5.38% ~ 25.12%，比绿色 GDP 增加 7.25% ~ 30.21%。湖南省综合绿色 GDP 占 GDP 的比例逐年递减。

（8）湖南省的绿色 GDP 占 GDP 的比例逐年上升，综合绿色 GDP 占 GDP 的比例逐年递减，是由于湖南省的经济和环境指标的年变化速率的不同引起的。2004— 2013 年湖南省 GDP 平均增长速率为 17.65%，对煤和石油消耗量的年平均增长速率分别只有 GDP 的 48.50% 和 63.23%，资源损耗成本年均增长速率（10.08%）比 GDP 少 42.89%。除工业固体废物排放量年均以 10.43% 的速率增长外（其增长速率也只有 GDP 的 59.09%），其余工业排放的废水、粉尘、烟尘和 SO_2 排放量分别以年均 2.61%、7.14%、2.95% 和 2.42% 的速率下降。一方面是 GDP 每年快速增长，一方面是资源损耗成本、环境损失成本增速逐年下降，导致了绿色 GDP 占 GDP 的比例逐年上升。另外，在一个结构相对稳定、结构与功能相对协调的自然生态系统中每年提供的生态服务价值量变化不大，而 GDP 每年以 17.65% 的增速在增加，由此导致生态效益在 GDP 中所占比例逐年递减。

（9）湖南省国民经济生产中的自然资源和环境损失成本所占比例不大。这主要是因为湖南省在经济生产过程中在节约自然资源及其利用效率方面不断提高，减少了自然资源损耗成本，同时也因其在经济活动过程中严格进行清洁生产，严格控制"三废"排放以及不断改进对废物的处理技术，减少了环境资源的损失成本。但是，湖南省国内生产总值中仍有 2%~5% 是以牺牲自然资源和环境为代价取得的。这必须引起湖南省决策层的高度注意。今后应更加把循环经济、绿色生产真正落实到经济建设的各个层面，走实现经济和资源环境双赢的可持续发展道路。

（10）基于能值分析法核算的 2001—2008 年湖南省农业生态系统绿色 GDP 为 6.2651E + 10 ~ 1.41979E + 11 元，绿色 GDP 仅占整个 GDP 的 70.73%~75.87%。

第二节　创新点

本研究的创新点有如下四个方面。

第一，在《2012 年环境经济核算体系：中心框架》（SEEA - 2012）体系基础上，首次对环境资源核算账户进行扩充。SEEA - 2012 体系中环境资源核算账户中只包含资源资产核算和环境核算，本研究的环境资源核算账户还包括了自然生态系统服务核算，同时提出了新的综合绿色 GDP 概念，这是对绿色 GDP 的延伸。综合绿色 GDP 将资源消耗、环境损害和生态效益纳入经济核算体系，不但反映了社会经济活动对资源的环境利用动态，而且客观地反映了自然生态系统直接为人类提供的福祉和为经济活动提供的服务价值。与传统的 GDP 和绿色 GDP 相比，综合绿色 GDP 更能全面真实地反映社会生产过程的经济活动的质量，更能真实地表达社会的财富和福利水平，能更科学地衡量一个国家的真实发展和进步。

第二，基于建立的综合绿色 GDP 体系，核算了 2004—2013 年湖南省综合绿色 GDP，通过湖南省综合绿色 GDP 核算研究，验证了本研究所构建的综合绿色 GDP 核算体系的合理性、可行性和可操作性。

第三，本研究的湖南省综合绿色 GDP 核算中，科学地、准确地反映出资源资产的存量和流量价值，国民经济活动过程对环境造成伤害损失的价值及动态数据，以及自然生态系统每年提供的服务效益。这样有利于政府准确掌握经济生产和环境的状态及变动情况，为政府制定资源、环境、经济社会可持续发展策略提供重要的科学依据。

第四，采用一致的量纲——能值，对 2003—2006 年怀化市以及 2001—2008 年湖南省农业生态系统绿色 GDP 核算进行了有益的理论与实证探究。

第三节　本研究的不足

目前世界上对综合绿色 GDP 核算体系的构建与研究还处于起步阶段。本著作通过构建综合绿色 GDP 核算体系框架，核算了湖南省的综合绿色 GDP，虽然取得了一定的"突破"，但由于环境经济核算涉及面广，许多规范还未成型，限于研究条件，本著作仍存在一些不足。

第一，由于缺少相应的实物量数据，自然资源价值的核算范围不全面。本著作核算的自然资源价值中未能包括野生动、植物的存量和流量价值，地矿产资源中只涉及了能源资源，没有核算其他矿产的耗减价值，因此，本研究的自然资源损耗价值可能低于实际水平。

第二，同样由于实物量数据难以获得，环境损失成本的核算范围也不全面。本著作只核算了工业引起污染治理成本、城市生活污染的治理成本，没有核算农村污染（比如土壤污染）以及因环境污染引起疾病的治理成本，而且在工业引起的污染中只核算了固体废物、大气和水污染，大气污染的污染物只选择了粉尘、烟尘和二氧化硫，未包括氮氧化合物等污染物。所以本著作核算的环境损失成本要少于实际损耗的成本。

第三，自然生态系统提供的服务效益估算，由于自然生态系统的动态性和复杂性，以及结构与功能之间经常处于非线性关系，对评价指标的选择缺乏统一公认的标准，因此，很难准确计算自然生态系统的供应服务水平。本著作对那些没进入市场（没市场价格）的一些生态服务，用费用替代法进行评估，由于替代物与生态系统的特征并非完全一致，可能会出现替代的不完善性。另外，一些评估参数引用他人的结果，由于空间的异质性，也可能会带来一定的误差。

第四节　研究展望

综合绿色 GDP 是在 SEEA – 2012 体系基础上提出来的一个全新的概念，本著作构建的综合绿色 GDP 核算体系尚需要进一步补充和完善，如环境核算方面还需要进一步全面考虑，自然生态系统生态效益核算范围还应进一步扩大。

从各国的绿色 GDP 实践可以看出，由于环境和资源统计数据的缺失，最终影响了环境经济核算结果的质量和可比性，实物量统计是价值量统计的基础，因此必须逐步建立和完善我国环境资源统计数据（实物量）基础的建设，提高统计数据的完整性、公开性和及时性。

综合绿色 GDP 核算要求把自然生态系统的服务效益也纳入核算范畴。对生态系统中那些既没有交易市场，又没有模拟市场的生态和社会服务功能效应如何用实物量化、用什么样的标准和方法去评估生态和社会服务的经济价值，这是将来需要共同探讨和解决的问题。

我国现行的环境经济综合核算体系框架是在（SEEA – 2003）体系基础上建立的。2012 年联合国又推出了新的环境经济核算体系（SEEA – 2012），并作为环境经济核算的国际统一标准。新的体系对环境资产的定义、归类和核算内容、核算方法等都做了改动。我国现行的环境经济综合核算体系如何与新的体系接轨，构建适用于中国的环境经济综合核算体系，制定好核算标准，建立起一套可实施的核算框架，形成核算的制度化、标准化和组织化，进一步完善资源资产价值、环境价值和生态系统服务效益核算账户，将资源资产价值、环境价值和生态系统服务效益核算结果纳入综合绿色 GDP 核算框架中进行系统分析，是未来很长一段时间内需要持续研究的方向。

从我国目前情况来看，有关绿色 GDP 核算的研究还主要停留在学术层面。虽然我国已经完成 2004—2010 年的《中国环境经济核算研究报告》，但由于一些政府部门在对绿色 GDP 的计算方式和科学性认识上有较大分歧，所以仅 2005 年正式发布过全国的绿色 GDP 核算报告。然而绿色 GDP 核算是各级政府进行科学决策的重要依据之一，因此绿色 GDP 核算的研究不应只停留在学术层面上，而应在国家的决策下进行。综合绿色 GDP 核算涉及面广，需要多个部门合作。综合绿色 GDP 是各级政府进行科学决策的重要依据之一，必须有权威统计部门参与，以保证核算结果的客观性、真实性和科学性。

参考文献

［1］周龙 . 资源环境经济综合核算与绿色 GDP 的建立 ［D］. 北京：中国地质大学，2010.

［2］修瑞雪，吴钢，曾晓安，等 . 绿色 GDP 核算指标的研究进展 ［J］. 生态学杂志，2007，26（7）：1107 – 1113.

［3］马嘉芸 . 我国 GDP 核算体系的变革与重构 ［J］. 商业时代，2008（6）：63 – 64.

［4］李伟，劳川奇 . 绿色 GDP 核算的国际实践与启示 ［J］. 生态经济，2006（9）：69 – 72.

［5］徐超，严立，庆蕾，等 . 绿色 GDP – GDP 的有效修正 ［J］. 统计与决策，2007（2）：51 – 52.

［6］赵静 . 绿色 GDP 核算及其存在的问题 ［J］. 人民论坛，2012，388：78 – 79.

［7］陈前鹏 . 推行绿色 GDP 核算的障碍及对策 ［J］. 合作经济与科技，2009，372：12 – 13.

［8］United Nations Department of Economic and Social Affairs Statistics Division. Integrated Environmental and Economic Accounting An Operational Manual ［M］. New York：United Nations，1994：89 – 93.

［9］Ekins P. From green GNP to the sustainability GAP Rrecent development in national environmental economic accounting ［J］. Journal of Environmental Assessment Policy and Management，2001（3）：61 – 93.

［10］陈会晓，卜华 . 江苏省绿色 GDP 核算体系研究及应用 ［J］. 价值工程，2007（12）：26 – 32.

［11］中国绿色时报 . 生态 GDP：生态文明评价制度创新的抉择 ［EB/OL］. ［2013 – 02 – 26］. http：//www. forestry. gov. cn/.

［12］ 中国财经报．用生态"GDP"核算美丽中国［EB/OL］．［2013 – 04 – 02］．http：//www. cfen. com. cn /web/meyw /2013 – 04 – 02/content – 964437. htm

［13］ 马高．区域经济发展中资源成本核算——汉中市为例［D］．西安：陕西师范大学，2015.

［14］ 杨缅昆．SEEA 框架：资源价值理论基础和核算方法探究［J］．当代财经，2006，262（9）：120 – 124.

［15］ 国家环境保护总局，世界银行．国际环境经济核算经验报告：建立中国绿色国民经济核算体系分报告之二［R］．北京：国家环境保护总局，2006.

［16］ United Nations. System of Environmental – Economic Accounting2012：Central Framework［EB/OL］．（2014 – 01）［2015 – 06 – 08］．http：//unstats. un. org/unsd/ envaccounting /seeaRev/SEEA.

［17］ 封志明，杨艳昭，李鹏．从自然资源核算到自然资源资产负债表编制［J］．中国科学院院刊，2014，29（4）：449 – 456.

［18］ 国家环保总局，国家统计局．中国绿色国民经济核算研究报告 2004［R］．北京：国家环境保护总局，2006.

［19］ Odum. H. T. Environmental Accounting：Energy and Environmental Decision Making［M］．New York：John Wiley&Sons，1996.

［20］ Odum. H. T. ，Odum. E. C. Energy basis of man and nature［M］．New York：Mc Graw – Hill，1981.

［21］ Jianguo Liu，Jared Diamond. Revolutionizing China's Environmental Protection［J］．Science，2008，319：37 – 38.

［22］ 何静．环境经济核算的最新国际规范——SEEA – 2012 中心框架简介［J］．中国统计，2014（6）：24 – 25.

［23］ 毕淑娟．绿色经济的难题［N］．中国联合商报，2012 – 03 – 26（03）.

［24］ 王金南，蒋洪强，曹东，等．绿色国民经济核算［M］．北京：中国环境出版社，2009

［25］ 邱琼．绿色 GDP 核算研究综述［J］．中国统计，2006（9）：8 – 9.

［26］ Peter Bartelmus. SEEA – 2003：Accounting for sustainable development

　　　　〔J〕. Ecological Economics, 2007, 61：613－616.

[27] Hamilton, K., Clemens, M. Genuine Savings Rates in Developing Countries〔J〕. World Bank Economic Review, 1998, 13 (2)：333－356.

[28] Kirk Hamilton. Testing Genuine Saving〔M〕. Washington, D. C. : World Bank, 2005.

[29] 国家环境保护总局, 世界银行. 国际环境经济核算经验报告：建立中国绿色国民经济核算体系分报告之二〔R〕. 北京：国家环境保护总局, 2006.

[30] Garrod G. D, K. G. Willis. Economic Valuation of the Environment〔M〕. Edward Elgar, Cheltenham, 1999.

[31] Pillarisetti. J. R. The World Bank's "genuine savings" measure and sustainability〔J〕. Ecological Economics, 2005 (4)：599－609.

[32] Pimentel D. Economic benefits of nature biota〔J〕. Ecological Economics, 1998, 25：45－47.

[33] 曹俊文. 环境与经济综合核算方法研究〔M〕. 北京：经济管理出版社, 2004.

[34] Serageldin Steereds. Making Development Sustainable：From Concepts to Action. Environmentally Sustainable Development〔M〕. Washington, D. C. : World Bank Occasional Paper, 1994：39－40

[35] Jane Lubchenco, Entering the Century of Environment：A New Social Contract for Science〔J〕. Science, 1998, 279 (23)：491－497.

[36] 李宏. 生态足迹理论及其应用研究〔D〕. 兰州：兰州大学, 2006.

[37] Costanza R, Arge R D, Groot R, et al. The value of the world's ecosystem services and natural capital〔J〕. Natural, 1997, 387：253－260.

[38] Seraty S. E. Green accounting and economic policy〔J〕. Ecological Economics, 1997 (21)：217－229.

[39] 杨仲山. 中国国民经济核算体系模式的选择〔J〕. 财金问题研究, 2004, 247：65－70.

[40] 杨多贵, 周志田. 发展尺度的跃进：从财富衡量到能力评价〔J〕. 学术论坛, 2001, 147：35－38.

［41］ United Nations. Integrated environmental and economic accounting // Series F. No. 1. Revision. 1. New York: United Nations, 2003: 188 − 25.

［42］ Keuning S, Haan M D. "Netherlands: What's in a NAMEA? Recent Results." in environmental accounting in theory and practice // K. Uno & P. Bartelmus eds. Amsterdam: Dordrecht, 1998: 88 − 95.

［43］ European Commission. SERIEE European system for the collection of economic information on the environment 1994 version ［M］. Bruseels: Eurostat, 2002: 136 − 142.

［44］ ENRAP (Environment and Natural Resources Accounting Project). Phase III. Prepared for the Philippine Department of Environment and Natural Resources by the International Resources Group (Washington, D. C.) in association with Edgevale Associates (Nellysford, Virginia) and the Resources (R), Environment and Economics Center for Studies (Manila). 1996.

［45］ Henry M. Peskin, Marian S. delos Angeles. Accounting For Environmental Services: Contrasting the SEEA and the ENRAP Approaches ［J］. Review of Income and Wealth, 2001, 47 (2): 203 − 218.

［46］ Ekins P. From green GNP to the sustainability GAP Rrecent development in national environmental economic accounting ［J］. Journal of Environmental Assessment Policy and Managament, 2001 (3): 61 − 93.

［47］ Statistics Norway. Social Costs of Air Pollution and Fossil Fuel Use − A Macroeconomic Approach ［M］. Social and Economic Studies, 1999.

［48］ OECD. Environmental Information System in Mexico: An OECD Assessment. General distribution. OECD/GD (96) 172. Online. http://www. olis. oecd. org/olis, 1996.

［49］ Statistics Norway. National Accounts and Environment, 1990 − 2003: Emissions increased more than valueadded. Statistics Norway website. http://www. ssb. no/nrmiljoen/arkiv/art − 2005 − 04 − 13 (01).

［50］ Hass J., Sørensen K., Erlandsen K. Norwegian Economic and Environment Accounts Project Report − 2001 ［R］. Statistics Norway department of Economic Statistics, 2002.

［51］Bruvoll, A., Glomsrød, S., Vennemo, H. Environmental drag: evidence from Norway ［J］. Ecological Economics , 1999（30）: 235 – 249.

［52］Statistics Canada. Environment Surveys of Establishments: The Canadian Experience ［R］. Environment Accounts and Statistics Division, 2007.

［53］Saraf, M., Larsen B., Owaygen. M. Cost of Environmental Degradation: The Case of Lebanon and Tunisia ［R］. The World Bank Environment Department Paper, 2004.

［54］Kim, Seung – Woo. Pilot Compilation of Environmental – Economic Accounts. Republic of Korea ［R］. UNDP – Assisted Assisted Project – ROK/93/015 Research on Integrated Environmental and Economic Accounting, 1998.

［55］B. H. Walker, L. Pearson. A resilience perspective of the SEEA ［J］. Ecological Economics, 2007, 61: 708 – 715.

［56］Peter Bartelmus. The cost of natural capital consumption: Accounting for a sustainable world economy ［J］. Ecological Economics, 2009, 68: 1850 – 1857.

［57］Knut H Alfsen, Mads Greaker. From natural resources and environmental accounting to construction of indicators for sustainable development ［J］. Ecological Economics, 2007, 61（4）: 600 – 610 .

［58］Jean – Louis Weber. Implementation of land and ecosystem accounts at the European Environment Agency ［J］. Ecological Economics, 2007, 61: 695 – 707.

［59］John Talberth, Alok K. Bohara. Economic openness and green GDP ［J］. Ecological Economics, 2006, 58（4）: 743 – 758.

［60］Haripriya Gundimeda, Pavan Sukhdev, Rajiv K. Sinha, Sanjeev Sanyal. Natural resource accounting for Indian states—Illustrating the case of forest resources ［J］. Ecological Economics, 2007, 61（4）: 635 – 649.

［61］Richard M Auty. Natural resources, capital accumulation and the resource curse ［J］. Ecological Economics, 2007, 61（4）: 627 – 634.

［62］彭武珍. 环境价值核算方法及应用研究——以浙江省为例 ［D］. 杭

州：浙江工商大学，2013.

[63] Simon Dietz, Eric Neumayer. Weak and strong sustainability in the SEEA：Concepts and measurement [J]. Ecological Economics, 2007, 61：617 - 626.

[64] E. A. Abdelgalil, S. I. Cohen. Economic development and resource degradation：Conflicts and policies [J]. Socio - Economic Plannin Sciences. 2007, 41 (2)：107 - 129.

[65] Viveka Palm, Maja Larsson. Economic instruments and the environmental accounts [J]. Ecological Economics, 2007, 61 (4)：684 - 692.

[66] Gary Stoneham, Andrew O'Keefe, Mark Eigenraam, David Bain. Creating physical environmental assetaccounts from markets for ecosystem conservation [J]. Ecological Economics, 2012, 82：114 - 122.

[67] Judith I. Ajani, Heather Keith, Margaret Blakers, Brendan G Mackey, Helen P. King. Comprehensive carbonstock and flow accounting：A national framework to support climate change mitigation policy [J]. Ecological Economics, 2013, 89 ：61 - 72.

[68] Ahmet Atil Asici . Economic growth and its impact on environment：A panel data analysis [J]. Ecological Indicators, 2013, 24：324 - 333.

[69] 王永瑜. 环境经济综合核算问题研究 [D]. 厦门：厦门大学，2006.

[70] 邹金伶. 基于环境生态经济系统能值分析怀化市绿色 GDP 的研究 [D]. 长沙：中南林业科技大学，2009.

[71] 李金昌. 资源核算论 [M]. 北京：中国统计出版社，1996：89 - 93.

[72] 雷明. 可持续发展下的绿色核算：资源、经济、环境综合核算 [M]. 北京：地质出版社，1999：129 - 133.

[73] 高敏雪. 环境统计与环境经济核算 [M]. 北京：中国统计出版社，2000：21 - 30.

[74] 高敏雪. SEEA 对 SNA 的继承与扬弃 [J]. 统计研究，2006 (9)：18 - 22.

[75] 杨金田，王金南. 中国排污收费制度改革与设计 [M]. 北京：中国环境科学出版社，1998：65.

[76] 陈浮. 资源环境价值货币化核算的理论分析 [J]. 统计研究，1999

（9）：28 - 31.

[77] 李金昌，等. 生态价值论 [M]. 重庆：重庆大学出版社，1999：19 - 20.

[78] 王金南，李晓亮，葛察忠. 中国绿色经济发展现状与展望 [J]. 环境保护，2009，415：53 - 56.

[79] 王舒曼. 自然资源核算理论与方法研究 [M]. 北京：中国大地出版社，2001：72.

[80] 李金昌. 价值核算是环境核算的关键 [J]. 中国人口资源与环境，2002（3）：18 - 22。

[81] 王德发，肖永定. 上海市工业绿色增加值的试算及其与传统意义上的增加值的比较 [J]. 统计研究，2004（2）：61 - 63.

[82] 过孝民，王金南，於方，蒋洪强. 生态环境损失计量的问题与前景 [J]. 环境经济，2004（8）：34 - 40.

[83] 国家发政委宏观经济研究院课题组. 绿色 GDP 的内涵和统计方法 [S]. 宏观经济研究，2005.

[84] 雷明，李方. 中国绿色社会核算矩阵（GSAM）研究 [J]. 经济科学，2006（3）：84 - 96 .

[85] 王金南，逯元堂，周劲松，等. 基于 GDP 的中国资源环境基尼系数分析 [J]. 中国环境科学，2006，26（1）：111 - 115.

[86] 高敏雪，许健，周景博. 综合环境经济核算——基本理论与中国应用 [M]. 北京：经济科学出版社，2007.

[87] 李金华. 中国国民经济核算体系的扩展与延伸——来自联合国三大核算体系比较的启示 [J]. 经济研究. 2009（3）：125 - 137.

[88] 李金华. 中国环境经济核算体系范式的设计与阐释 [J]. 中国社会学. 2009（1）：84 - 98.

[89] 过孝民，於方，赵越. 环境污染成本评估理论与方法 [M]. 北京：中国环境科学出版社，2009.

[90] 冯俊. 环境资源价值核算与管理研究 [D]. 广州：华南理工大学，2009：37 - 42.

[91] 廖明球. 绿色 GDP 投入产出模型建立的构想 [J]. 统计与决策，2009（20）：4 - 7

［92］王金南，於方，曹东．中国绿色经济核算技术指南［M］．北京：中国环境科学出版社，2009．

［93］徐渤海．中国环境经济核算体系（CSEEA）研究［D］．北京：中国社会科学院研究生院，2012．

［94］陈小平．"两型社会"下的国民经济核算体系研究［D］．武汉：湖北工业大学，2012．

［95］吴翔．中国绿色经济效率与绿色全要素生产率分析［D］．武汉：华中科技大学，2014．

［96］林有．环境经济综合核算若干问题研究［D］．厦门：厦门大学，2009．

［97］王艳．区域环境价值核算的方法与应用研究［D］．厦门：厦门大学，2006．

［98］周清华．环境－资源经济核算账户的设计与实施研究［D］．南昌：江西财经大学，2003．

［99］裴辉儒．资源环境价值评估与核算问题研究［D］．厦门：厦门大学，2007．

［100］金鉴明．绿色危机——中国典型生态区生态破坏现状及其恢复利用研究论文集［C］．北京：中国环境科学出版社，1994．

［101］国家环境保护总局．中国环境经济核算研究报告2010（公众版）［R］．北京：国家环境保护总局，2012

［102］雷明．绿色国内生产总值（GDP）核算［J］．自然资源学报，1998（04）：33－39．

［103］雷明．1995中国环境经济综合核算矩阵及绿色GDP估计［J］．系统工程理论与实践，2000（11）：1－9．

［104］王树林．绿色GDP国民经济核算体系改革大趋势［M］．上海：东方出版社，2001．

［105］陈纲．湖北省绿色GDP测算研究［D］．武汉：武汉理工大学，2005．

［106］王铮，刘扬，等．上海的GDP一般增长核算与绿色GDP核算［J］．地理研究，2006，25（2）：185－192．

［107］徐自华．海南省绿色GDP理论与核算方法研究［D］．海口：华南热

带农业大学, 2006.

[108] 宋达扬. 江苏省绿色 GDP 核算应用研究 [D]. 南京: 河海大学, 2006: 1 - 60.

[109] 李杰, 康银劳, 路遥. 以成都市为例的绿色 GDP 核算实证研究 [J]. 社会科学, 2007 (7): 13 - 16.

[110] 张庆红. 新疆环境污染的实物量核算评价分析 [J]. 生态经济, 2007: 359 - 361.

[111] 张健. 山东省绿色 GDP 核算体系构建及应用研究 [D]. 济南: 山东师范大学, 2007.

[112] 葛虎. 山东省绿色国民经济核算研究 [D]. 济南: 山东大学, 2007: 1 - 15.

[113] 徐胜. 海洋经济绿色核算研究 [D]. 青岛: 中国海洋大学, 2007.

[114] 康文星, 王东, 等. 基于能值分析法核算的怀化市绿色 GDP [J]. 生态学报, 2010, 30 (8): 2151 - 2158.

[115] 吕杰. 土地资源环境价值核算研究 [D]. 昆明: 昆明理工大学, 2010.

[116] 杨丹辉, 李红莉. 基于损害和成本的环境污染损失核算——以山东省为例 [J]. 中国工业经济, 2010 (7): 125 - 135.

[117] 李阳. 基于 SEEA 体系的青岛市绿色 GDP 核算体系研究及应用 [D]. 青岛: 青岛大学, 2012.

[118] 宋敏. 耕地资源利用中的环境成本分析与评价 [J]. 中国人口·资源与环境, 2013, 23 (12): 76 - 83.

[119] 潘勇军. 基于生态 GDP 核算的生态文明评价体系构建 [D]. 北京: 中国林业科学研究院, 2013.

[120] 杨晓庆. 基于绿色 GDP 的江苏省资源环境损失价值核算 [J]. 生态与农村环境学报, 2014, 30 (4): 533 - 540.

[121] 岳彩东. 中国省份工业绿色经济增长核算分析 [D]. 重庆: 重庆工商大学, 2014.

[122] 冯喆, 高江波, 马国霞, 等. 区域尺度环境污染实物量核算体系设计与应用 [J]. 资源科学, 2015, 37 (9): 1700 - 1708.

[123] Westman W E. How Much are Nature's Serviece Worth? [J]. Science,

1977, 197: 960 – 964.

[124] Ehrlich P R, et al. Ecoscience population resources environment [M]. San Francisco: W. H. Freeman & Co. , 1977.

[125] Turner RK, vanden Bergh JCJM, Söderqvist T, et al. Ecological – economic analysis of wetlands: Scientific integration for management and policy [J]. Ecological Economics, 2000, 35 (1): 7 – 23.

[126] SCEP (Study of Critical Environmental Problems). Man's Impact on the Global Environment: Assessment and Recommendations for Action [M]. Cambridge, MA: M IT Press, 1970.

[127] Hannon B. Ecological pricing and economic efficiency [J]. Ecological Economics, 2001, 36 (1): 19 – 30.

[128] Daily G C. Nature's Service: Societal Dependence on Natural Ecosystems [M]. Washington, D. C. : Island press, 1997.

[129] 欧阳志云，王效科，苗鸿. 中国陆地生态系统服务功能及其生态经济价值的初步研究 [J]. 生态学报, 1999, 19 (5): 607 – 613.

[130] Assessment ME. Ecosystems and human well – being: Wetlands and water [M]. Washington, D. C. : World Resources Institute, 2005.

[131] Assessment ME. Ecosystems and human well – being [M]. Washington, D. C. : Island Press, 2005.

[132] De Groot R, Wilson M A, Boumans M J. A typology for classification description and vaiuation of ecosystem functions goods and services [J]. Journal of Ecologcal Economics, 2002, 41: 393 – 408.

[133] Portela R, Rademacher I. A dynamic model of patterns of deforestation and their effect on the ability of the Brazilian Amazonia to provide ecosystem services [J]. Ecological Modelling, 2001, 143 (1/2): 115 – 146.

[134] Wilson M A, Carpenter S R. Economic valuation of freshwater ecosystem services in the United States: 1971 – 1997 [J]. Ecological Applications, 1999, 9 (3): 772 – 783.

[135] Costanza R, Kubiszewski I, Ervin D, et al. Valuing ecological systems and services [J]. F1000 Biol Rep, 2011: 7 – 22.

［136］Maltby E, Hogan DV, Immirzi CP, et a1. Building a new approach to the investigation and assessment of wetland ecosystem functioning. In: Mitsch W J. Global wetlands: old world and new ［J］. Amsterdam: Elsevier ScienceB. V. 1994: 637 - 658.

［137］湿地国际 - 中国项目办. 湿地经济评价 ［M］. 北京: 中国林业出版社, 1999: 23 - 24.

［138］Bockstael N E, Freeman A M, et al On measuring economic values for nature ［J］. Environmental Science & Technology, 2000, 34 (8): 1384 - 1389.

［139］Turner R K, Folke C, Gren I M, et al. Wetland valuation: three case studies. In: Perrings C, Karl - Goran M, Carl F et al. Biodiversity loss: economic and ecological issues ［C］. Cambridge: Cambridge University Press, 1995.

［140］Pimental D, Wilson C, Mccullun C, et al. Economic and environmental benefits of biodiversity ［J］. Bioscience, 1997, 47 (11): 747 - 757.

［141］Woodward R T, Wui Y S. The economic value of wetland services: ameta - analysis ［J］. Ecological Economics, 2001, 37 (2): 257 - 270.

［142］Rosenberger R S, Stanley T D. Management, generalization, and publication: Sources of error in benefit transfer and their management ［J］. Ecological. Economics, 2006, 60 (2): 372 - 378.

［143］Mitsch W J, Gosselink J G. The value of wetlands: importance of scale and landscape setting ［ J ］. Ecological Economics, 2000, 35 (1): 25 - 33.

［144］Groot G, Brander L, Ploeg S, et al. Global estimates of the value of ecosystem and their services in monetary units ［J］. Ecosystem Services, 2012, 1 (1): 50 - 61.

［145］李文华. 生态系统服务功能价值评估的理论、方法与应用 ［M］. 北京: 中国人民大学出版社, 2008.

［146］战金艳. 生态系统服务功能辨识与评价 ［M］. 北京: 中国环境科学出版社, 2011.

［147］冯剑丰, 李宇, 朱琳. 生态系统功能与生态系统服务的概念辨析

［J］．生态环境学报，2009，18（4）：1599－1603．

［148］陈仲新，张新时．中国生态系统效益的价值［J］．科学通报，2000，45（1）：17－22．

［149］毕晓丽，葛建平．基于IGBP土地覆盖类型的中国陆地生态系统服务功能价值评价［J］．山地学报，2004，22（1）：48－53．

［150］欧阳志云，赵同谦，赵景柱，等．海南岛生态系统生态调节功能及其生态经济价值研究［J］．应用生态学报，2004，15（8）：1395－1402．

［152］欧阳志云，王效科，苗鸿．中国陆地生态系统服务功能及其生态经济价值的初步研究［J］．生态学报，1999，19（5）：607－613．

［153］赵景柱，肖寒刚．生态系统服务的物质量评价和价值量评价方法的分析比较［J］．应用生态学报，2000，11（2）：156－164．

［154］谢高地，肖玉，鲁春霞．生态系统服务研究：进展局限和基本范式［J］．植物生态学报，2006，30（2）：191－199．

［155］王新华，张志强．黑河流域土地利用变化对生态系统服务价值的影响［J］．生态环境，2004，13（4）：608－611．

［156］王宗明，张数清，张柏．土地利用变化对三江平原生态系统服务价值的影响［J］．中国环境科学，2004，24（1）：125－128．

［157］鲁绍伟．中国森林生态服务功能动态分析与仿真预测［D］．北京：北京林业大学，2006．

［158］侯元兆．中国森林资源核算研究［M］．北京：中国林业出版社，1995．

［159］王兵，任晓旭，胡文．中国森林生态系统服务功能及其价值评估［J］．林业科学，2011，47（2）：145－153．

［160］余新晓，鲁绍伟，靳芳．中国森林生态系统服务功能价值评估［J］．生态学报，2005，25（8）：2096－2102．

［161］赵同谦，欧阳志云，郑华，等．中国森林生态系统服务功能及其价值评价［J］．自然资源学报，2004，19（4）：480－491．

［162］刘起．中国草地资源生态经济价值的探讨［J］．四川草原，1999（4）：1－4．

［163］汪晓菲，何平，康文星．若尔盖县沙化草地服务功能及其价值损失

[J]. 水土保持学报, 2015, 28 (5): 62 - 70.

[164] 闵庆文, 谢高地, 胡聃, 等. 青海草地生态系统服务功能的价值评估 [J]. 资源科学, 2004, 26 (3): 56 - 60.

[165] 王蕾, 王宁, 张逸. 草地生态系统服务价值的研究进展 [J]. 农业科学研究, 2009, 27 (4): 50 - 53.

[166] 崔丽娟. 湿地价值评价研究 [M]. 北京: 科学出版社, 2001.

[167] 鄢帮有. 鄱阳湖湿地生态系统服务功能价值评估 [J]. 资源科学, 2006 (3): 62 - 66.

[168] 吕磊, 刘春雪. 滇池湿地生态系统服务功能价值评估 [J]. 环境科学导刊, 2010, 29 (1): 76 - 80

[169] 徐伟平, 康文星, 何介南. 洞庭湖区生态系统服务功能价值分析 [J]. 草业学报, 2016, 25 (1): 217 - 229.

[170] 莫明浩, 任宪友, 王学雷. 洪湖湿地生态系统服务功能价值及经济效益评估 [J]. 武汉大学学报, 2008, 54 (6): 725 - 731.

[171] 段晓男, 王效科, 欧阳志云. 乌梁素海湿地生态系统服务功能及价值评价 [J]. 资源科学, 2005, 27 (2): 142 - 148.

[172] 张素珍, 李贵宝. 白洋淀湿地生态服务功能及价值估算 [J]. 南水北调与水利科技, 2005, 3 (1): 22 - 24.

[173] 张晓云, 吕宪国, 沈松平, 等. 若尔盖高原湿地地区主要生态系统服务价值评价 [J]. 湿地科学, 2008, 6 (4): 466 - 472.

[174] 陈鹏. 厦门湿地生态系统服务功能价值评估 [J]. 湿地科学, 2006, 4 (2): 103 - 107.

[175] 江波, 欧阳志云, 苗鸿, 等. 海河流域湿地生态系统服务功能价值研究 [J]. 生态学报, 2011, 31 (8): 2236 - 2244.

[176] 崔丽娟. 扎龙湿地价值货币化评价 [J]. 自然资源学报, 2002, 17 (4): 451 - 456.

[177] 何池. 湿地生态服务功能与效益评价 [A]. // 生态系统服务功能研究 [C]. 北京: 气象出版社, 2002: 67 - 68.

[178] 吴玲玲, 陆健健, 童春富, 等. 长江口湿地生态系统服务功能价值的评估 [J]. 长江流域资源与环境. 2003, 12 (5): 137 - 141.

[179] 辛琨, 肖笃宁. 生态系统服务功能研究简述 [J]. 中国人口资源与

环境，2000，10（3）：20 - 22.

[180] 王继国. 艾比湖湿地调节气候生态服务价值评价 [J]. 湿地科学与管理，2007，3（2）：38 - 41.

[181] 刘晓辉，吕宪国. 三江平原湿地生态系统固碳功能及其价值评估 [J]. 湿地科学，2008，6（2）：212 - 217.

[182] 崔君平. 浅谈绿色会计核算中环境资源的价值计量方法 [J]. 中国商论，2015（1）：155 - 156.

[183] 王金南，於方，曹东，等. 中国环境经济核算研究报告 2005—2006 [M]. 北京：中国环境科学出版社，2013.

[184] 邱琼. 首个环境经济核算体系的国际统计标准——《2012 年环境经济核算体系：中心框架》简介 [J]. 中国统计，2014（7）：60 - 61.

[185] 李金华. 联合国环境经济核算体系的发展脉络与历史贡献 [J]. 经济研究，2015：30 - 37.

[186] Zhang Luqiang. Ecology, environment, economy and society "Overall Sustainable Development Theory" outline [C]. The Proceedings of 2005 International Conference on The Sus - tainable Development in Asia Pacific. Shanghai：Fudan University Press，2005.

[187] Engberg H. Industrial symbiosis in Denmark [M]. New York：Stern School of Business, New York University，1997.

[188] 张录强. 实现可持续发展理想经济模式的探索——循环经济范式的形成与发展 [J]. 山东理工大学学报（社会科学版），2005（5）：9 - 12.

[189] Marc Fleurbaey. Beyond GDP：The Quest for a Measure of Social Welfare [J]. Journal of Economic Literature，2009，47（5）：27 - 36.

[190] Robert H. Frank. Should Public Policy Respond to Positional Externalities [J]. Journal of Public Economics，2008（92）：8 - 9.

[191] Blanchflower, D. G., and Oswald, A. D. Wellbeing over Time in Britain and the USA [J]. Journal of Public Economics，2004，7（88）：64 - 78.

[192] Richard A. Easterlin. Subjective Well - being and Economic Analysis：A

Brief Introduction〔J〕. Journal of Economic Behavior & Organization, 2001, 3 (45): 19 – 38.

[193] 游士兵, 刘志杰, 黄炳南, 等. 3G – GDP 国民经济核算理论初探〔J〕. 中国工业经济, 2010 (6): 15 – 24.

[194] Lubchenco J. Entering the century of the environment: A new social contract for science〔J〕. Science, 1998, 279: 279 – 491.

[195] Daily G C, etal. Nature's Service: Societal Dependence on Natural Ecosystems〔M〕. Washington D C: Island Press, 1997.

[196] Carins J. Protecting the delivery of ecosystem services〔J〕. Ecosystem Health, 1997, 3（3）: 185 – 194.

[197] 张录强. 整体可持续发展论的理论框架〔J〕. 生态经济, 2006 (9): 24 – 27.

[198] Turner K. Economics and wetland management〔J〕. Ambio, 1991, 20（2）: 59 – 61.

[199] McNeely J A, Miller K R, Reid W V, et al. Conserving the World Biological Diversity〔R〕. World Bank, 1990.

[200] Pearce D W. Blueprint 4: Capturing Global Environmental Value〔M〕. London: Earthscan, 1995.

[201] Pearce D W, Moran D. The Economic Value of Biodiversity〔M〕. Cambridge, 1994.

[202] Barbier E B. Valuing environmental functions : tropical wetlands〔J〕. Land Economics , 1994, 70: 155 – 173.

[203] OECD. The Economic Appraisal of Environmental Protects and Policies: A Practical Guide〔M〕. Paris, 1995.

[204] UN EP. Guidelines for Country Study on Biological Diversity〔M〕. Oxford: Oxford University Press, 1993.

[205] 张志强, 徐中民, 程国栋. 生态系统服务与自然资本价值评估〔J〕. 生态学报, 2001, 21 (11): 1918 – 1926.

[206] 马克思. 资本论〔M〕. 第二卷. 北京: 人民出版社, 1972: 120 – 121.

[207] 何承耕. 自然资源和环境价值理论研究述评〔J〕. 福建地理, 2001,

16（4）：1 – 6.

[208] 蔡剑辉. 西方环境价值理论的研究进展：森林环境价值评估的理论与方法研究 [J]. 林业经济问题，2003，23（4）：192 – 199.

[209] 仇春，姚俭建. 自然资本简论 [J]. 东南学术，2002（1）：106 – 111.

[210] Weitzman. M. L. Sustainability and the Welfare Significance of National Product Revisited [R]. Discussion Paper1737, Dept of Economic, Harvard University, 1995：41 – 43.

[211] ［日］良永康平. 德国投入产出表的新进展—环境投入产出表的设想与分析，论德国投入产出分析 [M]. 日本：关西大学出版社，2000：105 – 109.

[212] Castanza, R, and Perrings, C. A. flexible assurance bonding system forimproved environment management [J]. Ecological Economic, 1990（2）：57 – 75.

[213] 罗昕熠. 东亚国家经济增长对环境依赖度的实证分析——论绿色GDP 在我国的实施 [J]. 世界经济情况，2006（16）：1 – 5.

[214] Chen G, Lai D. Feedback anticontrol of discrete chaos [J] . International Journal of Bifurcation and Chaos, 1998, 8（7）：1585 – 1590 .

[215] Proops J LR, Atkinson G, Schlotheim B F, etal. International trade and the sustainability foot print：a practical criterion for its assessment [J]. Ecologic Economics, 1999, 28（1）：75 – 97 .

[216] United Nations. Integrated Environmental and Economic Accounting：An Operational Manual [M]. New York：2000：9 – 21.

[217] 胡晓晖，洪梅. 对经济增长度量方法的认识 [J]. 财贸研究，2000（2）：64 – 66.

[218] 杨缅昆. 绿色GDP 核算理论问题初探 [J]. 统计研究，2001（2）：40 – 43.

[219] 冯俊. 环境资源价值核算与管理研究 [D]. 广州：华南理工大学，2009.

[220] 徐衡，李红继. 绿色GDP 统计中几个问题的再探讨 [J]. 现代财经，2002（10）：25 – 32.

［221］杨缅昆．绿色 GDP 和环保活动核算［J］．统计研究，2000（9）：12 - 16.

［222］刘德智，左桂鄂，秦华．河北省绿色 GDP 核算实证研究［J］．石家庄经济学院学报，2006，29（5）：620 - 623.

［223］TyrvainnL, Vaananen H. The economic value of urban forest amenities: an application of the contingent valuation method［J］. Landscape Urban Plant, 1998（43）：105 - 118.

［224］康文星，吴耀兴，何介南，等．城市森林生态系统服务价值指标体系与评价方法［J］．林业科学，2008，44（12）：130 - 134.

［225］张志强，徐中民，程国栋．生态系统服务与自然资本价值评估［J］．生态学报，2001，21（11）：1918 - 1926.

［226］刘红梅，蒋菊生．生态服务价值评估与国民经济核算简述［J］．华南热带农业大学学报，2003，9（1）：19 - 26.

［227］任志远．区域生态环境服务功能经济价值评价的理论与方法［J］．经济地理，2003，23（1）：1 - 40.

［228］Turner RK, Morse - Jones S, Fisher B. Ecosystem valuation: A sequential decision support system and quality assessment issues［J］. Ann N Y Acad Sci, 2010, 1185: 79 - 101.

［229］Yusuf J A. Environmental Accounting for Sustainable Develo Pment［M］. AUNEP-World Bank SymPosium, 1989: 571 - 589.

［230］王建国，吕宪国．湿地服务价值评估的复杂性及研究进展［J］．生态环境，2007，16（3）：1058 - 106.

［231］傅伯杰，刘世荣，马克明．生态系统综合评价的内容与方法［J］．生态学报，2001，21（11）：1885 - 1892.

［232］薛达元，包浩生，李文华．长白山自然保护区生物多样性价值评估研究［A］．∥生态系统服务功能研究［C］．北京：气象出版社，2002：247 - 259.

［233］雷明．中国资源、经济、环境绿色核算（1992 - 2002）［M］．北京：北京大学出版社，2010

［234］湖南省统计局．湖南省统计年鉴 2004［R］．北京：中国统计出版社，2005.

［235］湖南省统计局．湖南省统计年鉴 2005 ［R］．北京：中国统计出版社，2006.

［236］湖南省统计局．湖南省统计年鉴 2006 ［R］．北京：中国统计出版社，2007.

［237］湖南省统计局．湖南省统计年鉴 2007 ［R］．北京：中国统计出版社，2008.

［238］湖南省统计局．湖南省统计年鉴 2008 ［R］．北京：中国统计出版社，2009.

［239］湖南省统计局．湖南省统计年鉴 2009 ［R］．北京：中国统计出版社，2010.

［240］湖南省统计局．湖南省统计年鉴 2010 ［R］．北京：中国统计出版社，2011.

［241］湖南省统计局．湖南省统计年鉴 2011 ［R］．北京：中国统计出版社，2012.

［242］湖南省统计局．湖南省统计年鉴 2012 ［R］．北京：中国统计出版社，2013.

［243］湖南省统计局．湖南省统计年鉴 2013 ［R］．北京：中国统计出版社，2014.

［244］代勇．三峡水库运行后洞庭湖湿地生态系统服务功能价值研究 ［D］．长沙：湖南师范大学，2012.

［245］席宏正．洞庭湖湿地生态系统服务功能及基于能值理论的价值研究 ［D］．长沙：中南林业科技大学，2007.

［246］王兵，杨峰伟，郭浩，等．LY/T1721 - 2008 中华人民共和国林业行业标准《森林生态系统服务功能评估规范》［S］．北京：中国标准出版社，2008

［247］连华森．地形因素对桤木人工林生长和树干公定容重的影响 ［J］．亚热带植物科学，2005，34（3）：23 - 26

［248］张永贵．6 种杨树木材比重、白度、粗浆得率测定 ［J］．辽宁林业科技，1999（2）：50 - 51.

［249］方文彬，吴义强．阔叶树材组织率的研究 ［J］．福建林学院学报，2006，26（3）：224 - 228.

［250］刘煊章. 森林生态系统定位研究［M］. 北京：中国林业出版社，1993. 68 - 74

［251］刘茜. 不同龄组马尾松人工林生物量及生产力的研究［J］. 中南林学院学报，1996，16（4）：28 - 34

［252］谌小勇，项文化，钟建德. 不同密度湿地松林分生物量的研究［A］. 林业部科技司. 中国森林生态系统定位研究［C］. 哈尔滨：东北林业科技大学出版社，1994：533 - 541.

［253］潘维俦，李利村，高正衡，等. 杉木人工林生态系统中生物产量及其生产力的研究［J］. 中南林学院学报，1978（2）：2 - 147

［254］何斌，黄寿先，招礼军. 秃杉人工林生态系统碳素积累的动态特征［J］. 林业科学，2009，45（9）：151 - 157.

［255］方晰，田大伦，项文化. 速生阶段杉木人工林碳素密度、贮量和分布［J］. 林业科学，2002，38（3）：14 - 19.

［256］刘恩，王晖，刘世荣. 南亚热带不同林龄红锥人工林碳贮量与碳固定特征［J］. 应用生态学报，2012，23（2）：335 - 340.

［257］田大伦，康文星，文仕知. 杉木林生态系统学［M］. 北京：科学出版社，2003.

［258］文仕知，陈亮明，田大伦. 马尾松天然林随年龄生长过程中的生物产量及养分分布［J］. 林业科学，1997，33（专刊2）：181 - 193.

［259］杨丽丽，文仕知，何功秀. 长沙市郊枫香人工林营养元素生物循环特征［J］. 福建林学院学报，2012，32（1）：48 - 53.

［260］项文化，田大伦，闫文德，等. 第2代杉木林速生阶段营养元素的空间分布特征和生物循环［J］. 林业科学，2002，38（2）：2 - 8.

［261］项文化，田大伦. 不同年龄阶段马尾松人工林养分循环的研究［J］. 植物生态学报，2002，26（1）：89 - 95.

［262］刘茜，项文化，蔡宝玉，等. 湿地松人工林养分循环及密度关系的研究［J］. 林业科学，1998，34（3）：11 - 17.

［263］田大伦. 樟树人工林生态学［M］. 北京：科学出版社，2005：58 - 62.

［264］刘发茂. 不同坡位木荷人工林生物量及营养结构研究［J］. 福建林业科技，1995，22（增刊）：59 - 63.

［265］康文星，田大伦. 湖南省森林公益效能的经济评价Ⅱ森林的固土保

肥、改良土壤和净化大气效益［J］．中南林学院学报，2001，21（4）：1 - 4.

［266］韩素芸，田大伦，闫文德，等．湖南省主要森林类型生态服务功能价值评价［J］．中南林学院学报，2009，29（6）：6 - 13.

［267］周晓光，潘登，潘高．湖南省森林生态系统主要服务功能计量评价［J］．广西林业科学，2013，42（1）：31 - 37.

［268］向会娟，曹明宏．森林生态效益价值的评估计量［J］．安徽农业科学，2005，33（11）：2164 - 2165.

［269］中国生物多样性国情研究报告编写组．中国生物多样性国情研究报告［C］．北京：中国环境科学出版社，1998.

［270］邓湘文．不同年龄阶段会同杉木林水文学过程定位研究［D］．长沙：中南林业科技大学，2007.

［271］康文星，田大伦，文仕知，等．杉木人工林水量平衡和蒸散的研究［J］．植物生态学与地植物学学报，1992，16（2）：187 - 192.

［272］李少宁．江西省暨大冈山森林生态系统服务功能研究［D］．北京：中国林业科学研究院，2007.

［273］成克武，崔国发，王建中，等．北京喇叭沟门林区森林生物多样性经济价值评估［J］．北京林业大学学报，2000，22（4）：66 - 71.

［274］余新晓，秦永胜，陈丽华．北京山地森林生态系统服务功能及其价值初步研究［J］．生态学报，2004，22（5）：783 - 786.

［275］赵卫东．基于 ABC 方法的制氧成本分析系统设计与实现［D］．上海：复旦大学，2010.

［276］何汉杏，何秀春．湖南舜皇山常绿阔叶林群落主要结构特征Ⅳ．乔木物种多样性［J］．中南林学院学报，2005，25（6）：42 - 46.

［277］林琴琴．中亚热带几种森林类型生态学特征研究［D］．福州：福建农林大学，2006.

［278］李少宁．江西省暨大岗山森林生态系统服务功能研究［D］．北京：中国林业科学研究院，2007.

［279］吴后建，但新球，舒勇．湖南省湿地保护现状及对策和建议［J］．湿地科学，2014，12（3）：349 - 355.

［280］湖南省林业厅．湖南湿地［M］．长沙：湖南美术出版社，2011：8 - 18.

[281] 谭三清，康文星，何介南，等．洞庭湖白沙洲 4 种植被系统与大气中碳素交换 [J]．生态学报，2010，30（13）：3441－3448.

[282] 康文星，田徽，何介南，等．洞庭湖湿地植被系统的碳贮量及其分配 [J]．水土保持学报，2009，23（6）：130－133.

[283] 何介南，康文星．洞庭湖湿地对污染物的净化功能与价值 [J]．中南林业科技大学学报，2008（4）：24－34.

[284] 何介南，康文星，袁正科．洞庭湖湿地污染物的来源分析 [J]．中国农学通报，2009，25（17）：239－244.

[285] 席宏正，康文星．洞庭湖湿地总氮总磷输入与滞留净化效应研究 [J]．灌溉排水学报，2008，27（4）：106－109.

[286] 席宏正，康文星，鲁利宇．洞庭湖天然湿地营养元素的积累与归还效应研究 [J]．水土保持学报，2009，23（4）：232－235.

[287] 李景保，代勇，欧朝敏，等．长江三峡水库蓄水运用对洞庭湖水沙特性的影响 [J]．水土保持学报，2011，25（3）：215－219.

[288] 石军南，徐永新，刘清华．洞庭湖湿地保护区景观格局变化及原因分析 [J]．中南林业科技大学学报，2010，30（6）：18－26.

[289] 康文星，何介南，席宏正．洞庭湖滩涂和草甸沼泽湿地调蓄水量的功能研究 [J]．水土保持学报，2008，22（5）：209－216.

[290] 徐伟平，康文星，何介南．洞庭湖蓄水能力的时空变化特征 [J]．水土保持学报，2015，29（3）：62－67.

[291] 李义天，邓金运，孙昭华，等．洞庭湖调蓄量变化及其影响因素分析 [J]．泥沙研究，2001（6）：1－7.

[292] 陆国强．利用底栖动物群落进行洞庭湖水质生物学评价 [J]．环境科学，1985（2）：59－63.

[293] 刘靖涛．洞庭湖 22 断面大型底栖无脊椎动物调查及水质 [P]．湖南省洞庭湖环境保护监测站，1984.

[294] 卿国生．底栖动物在南洞庭湖湖岸边污染带水质评价中的应用 [J]．环境科学，1990，10（1）：55－59.

[295] 张玺．洞庭湖及其周围水域双壳类软体动物 [J]，动物学报，1965，17（2）：197－211.

[296] 中华人民共和国林业部．东洞庭湖国家级自然保护区管理计划

〔M〕. 北京：中国林业出版社，1998：88 - 91.

〔297〕湖南省国土委员会. 洞庭湖区整治开发综合考察研究专题报告〔P〕. 1985，69：425 - 426.

〔298〕袁正科. 三峡工程对洞庭湖湿地资源和生物多样性的影响及对策研究〔A〕. 三峡工程与洞庭湖关系研究〔C〕. 长沙：湖南科学技术出版社，2002.

〔299〕De Groot R S，V lson M A，Boumans，J. Atypology for the classification，description and valuation of ecosystem functions，goods and services〔J〕. Ecological Economics，2002，41（3）：393 - 4、

〔300〕许妍，高俊峰，黄佳聪，等. 太湖湿地生态系统服务功能价值评估〔J〕. 长江流域资源与环境，2010，19（6）：646 - 650.

〔301〕谢高地，张钇锂，鲁春霞，等. 中国自然草地生态系统服务价值〔J〕. 自然资源学报，2001，16（1）：47 - 53.

〔302〕怀化市环境保护局. 怀化环境质量公报（2006）〔DB/OL〕. 〔2009 - 09 - 26〕. http：//www. hhhbj. gov. cn

〔303〕怀化市统计年鉴编委会. 怀化市 2003—2007 年统计年鉴〔M〕. 北京：中国文史出版社，2003—2007.

〔304〕蓝盛芳，钦佩，陆宏芳. 生态经济系统能值分析〔M〕. 北京：化学工业出版社，2002.

〔305〕骆世明. 农业生态学〔M〕. 北京：中国农业出版社，2001.

〔306〕农业技术经济手册编委会. 农业技术经济工作手册〔M〕. 北京：农业出版社，1981.

〔307〕朱玉林. 基于能值的湖南农业生态系统可持续发展研究〔D〕. 长沙：中南林业科技大学，2011.

后　记

　　本书是湖南省教育厅重点项目 2011A135《基于能值分析法的湖南省绿色 GDP 核算研究》的重要研究成果。本书的撰写工作历经数年时间，凝聚了领导、导师、家人和我的诸多心血和汗水。在中南林业科技大学的工作和学习生活期间是我一生中难以忘怀的岁月，最令我难忘的是在此期间给予我无私教诲、热心帮助和鼎力支持的各位同事、师长、同学、朋友和家人。

　　感谢我的导师康文星教授对本研究提出了许多宝贵建议。感谢田大伦教授、蒋兰香教授、项文化教授、朱玉林教授、闫文德教授、方晰教授，他们给予了指导、帮助。感谢中南林业科技大学研究生部、生命科学与技术学院博士点老师们的指导和支持。

　　感谢湖南省发改委、湖南省统计局、湖南省林业厅、湖南省图书馆等单位相关同志的帮助。他们在研究基础资料数据的收集、调查过程中提供了无私的协助和支持。

　　感谢中南林业科技大学社科处、生命科学与技术学院、商学院的领导、同事们给予我支持与帮助！感谢湖南师范大学出版社吴真文社长和宋瑛编辑，他们对本书提供了宝贵的意见和支持。

2017 年 4 月于湖南长沙